Para J...
Con mu[cho gusto espero]
que este libro le resulte
interesante y a la vez

Empresas familiares: su dinámica, equilibrio y consolidación

útil para comprender
la naturaleza de las
empresas familiares

Un fuerte abrazo
Imanol
13 Ene 05

Empresas familiares: su dinámica, equilibrio y consolidación

Imanol Belausteguigoitia Rius

MÉXICO • BUENOS AIRES • CARACAS • GUATEMALA • LISBOA • MADRID • NUEVA YORK
SAN JUAN • SANTAFÉ DE BOGOTÁ • SANTIAGO • AUCKLAND • LONDRES • MILÁN • MONTREAL
NUEVA DELHI • SAN FRANCISCO • SINGAPUR • ST. LOUIS • SIDNEY • TORONTO

Editor: Sergio Nájera Franco
Supervisor editorial: Arturo González Yáñez
Supervisor de producción: Juan José García Guzmán

Empresas familiares: su dinámica, equilibrio y consolidación

Prohibida la reproducción total o parcial de esta obra,
por cualquier medio, sin la autorización escrita del editor.

**McGraw-Hill
Interamericana**

DERECHOS RESERVADOS © 2004, respecto a la primera edición en español por:
McGRAW-HILL INTERAMERICANA EDITORES, S.A. DE C.V.
A Subsidiary of The McGraw-Hill Companies, Inc.
   Cedro Núm. 512. Col. Atlampa,
   Delegación Cuauhtemoc,
   C.P. 06450, México, D.F.
   Miembro de la Cámara Nacional de la Industria Editorial. Reg. Núm. 736

ISBN: 970-10-4495-9

Este libro Se terminó de imprimir en el mes de Agosto de 2004, en Gráficas La Prensa, S.A. de C.V. Prolongación de Pino 577 Col. Arenal 02980, México, D.F.

234567890   09876532104
Impreso en México   *Printed in Mexico*

Dedicatoria

A mis padres,
quienes además de haberme dado la vida,
me enseñaron cómo vivirla

Agradecimientos

Hay tanta gente que merece mi gratitud por haberme ayudado a desarrollar este libro, que necesitaría escribir otro capítulo para incluirlos a todos. En primera instancia agradezco a Maite, Maitetxu, Imanol, Iker e Iñaki su tolerancia y entendimiento por robarles horas de familia para dedicarlas a la elaboración de este libro. A Pilar Rius, por sus muy variadas aportaciones, principalmente sobre el tema de mujeres en las empresas familiares. A mis hermanos Juan Carlos, María Isabel y Javier, por la revisión hecha al texto y por sus atinadísimos comentarios. A Luis Álvarez-Icaza por ayudar a desarrollar el modelo de resonancia. A Francisco Colín, que me ayudó a decidirme a iniciar el trabajo y, a mis alumnos Víctor Gallardo y Bárbara Osuna que me auxiliaron para terminarlo. A Fernando Arias Galicia, por sus constantes consejos y guía. A don Hilario Ibarrola, por su gran generosidad al enseñarme tantas cosas sobre empresa. Al ITAM por darme todas las facilidades para escribir esta obra, a la UNAM y a Babson College por dotarme de elementos valiosos para realizarla. A Alfonso Zermeño Infante por sus aportaciones en lo referente al marco legal de la sucesión. A María Elena Quintana y José Juan de la Campa por permitirme exponer sus casos de empresa. A Sergio Nájera Franco y Arturo G. Yáñez, que realizaron la edición de la obra. A todos mis alumnos del *Diplomado de Administración de Empresas Familiares*, de licenciatura y maestría, a mis radioescuchas y a todos los empresarios quienes me han dado la oportunidad de asistirlos en sus empresas familiares, impulsando mi formación en esta disciplina. A todos aquellos que no me es posible nombrar pero que contribuyeron de alguna forma en esta publicación.

Especialmente agradezco profundamente a usted, que ha decidido acompañarme en un viaje a lo largo de este libro.

Gracias a todos, muchas gracias...

Contenido

Prólogo   por Agustín Irurita xi

Introducción 1

Parte I   Naturaleza de la empresa familiar 5

    Capítulo 1   Equilibrio entre empresa y familia 7
    Capítulo 2   Características de las empresas familiares 13
    Capítulo 3   Modelos conceptuales de la empresa
                 familiar 28
    Capítulo 4   Las relaciones humanas en las empresas
                 familiares 43

**Parte II   Naturaleza de los conflictos en las empresas
familiares** 73

    Capítulo 5   Fundamentos sobre los conflictos en las
                 empresas familiares 75
    Capítulo 6   Causas principales de los conflictos 89
    Capítulo 7   Algunas ideas para prevenir conflictos 97
    Capítulo 8   Impacto de la práctica del perdón en
                 las organizaciones familiares 105

Parte III Profesionalización de las empresas familiares ... 109

    Capítulo 9   Hacia la profesionalización 111

Capítulo 10 Modelo de articulación dinámica
de la empresa familiar 123
Capítulo 11 Órganos de gobierno 151

Parte IV   La continuidad en la empresa familiar 169

Capítulo 12 Las generaciones menores y sus
planes de vida 171
Capítulo 13 Planificación de la sucesión 181
Capítulo 14 El retiro del fundador 205
Capítulo 15 El espíritu emprendedor en las
empresas familiares 217

Apéndice **229**

Referencias **235**

Prólogo

Por Agustín Irurita

El sueño de hacer algo productivo por cuenta propia y de ser independiente puede cristalizarse con la formación de una empresa. Generalmente las empresas nacen con muy pocos recursos, escasos apoyos y en un ambiente de incertidumbre. Lo que mueve a los que las inician es la consecución de una idea. Su visión es de corto plazo y está ligada a la supervivencia. La mayoría de los obstáculos se superan gracias a la gran determinación personal de los fundadores, a su trabajo incansable, a la austeridad, al ahorro, así como por su determinación de aprovechar al máximo los limitados recursos de que disponen. Así nacen casi todas las empresas familiares.

Éstas han sido el origen y la base fundamental de la economía en la mayoría de los países. Trabajo, ahorro, disciplina y más trabajo, y más ahorro y más disciplina van formando poco a poco la riqueza de un país. Son éstos los héroes anónimos que con su contribución diaria y callada dan empleo, satisfacen las necesidades de la comunidad y aportan los recursos que el Estado necesita para proveer la infraestructura y los servicios básicos que la sociedad requiere.

Es común que al tiempo que atienden las múltiples demandas de la empresa, los empresarios formen una familia que nace, crece y se desarrolla no sólo en el mismo lapso que aquélla, sino que además su desarrollo está ligado íntimamente a la vida diaria de la misma. La acción familiar y la acción empresarial se mezclan y entrelazan, creando un ambiente natural de trabajo y enseñanza, el cual en ocasiones se ve afectado por problemas y dificultades cuando no se tienen presentes sus límites y diferencias.

La empresa familiar conforma un ambiente propicio para adquirir hábitos, valores, actitudes y conocimientos, así como para desarrollar el espíritu emprendedor (todo lo cual sirve enormemente en el mundo de los negocios). En su seno se aprende a ser dueño, que en su acepción positiva significa algo así como que "todo lo que le sucede a la empresa te afecta, que hay que cuidar todo lo que se gasta o invierte, que la responsabilidad es total, ya que en el fondo uno es quien tiene que empujar y guiar para alcanzar las metas y finalidades de la empresa."

Las empresas buscan, entre otras cosas, proporcionar un producto o servicio, generar un rendimiento económico, lograr el desarrollo integral de sus miembros y lograr su permanencia. Se requiere tanto experiencia administrativa y conocimientos del giro del negocio u oficio como dirección con unidad de mando y visión de corto, mediano y largo plazos. Las empresas son instituciones altamente demandantes que exigen hacer bien las cosas en cada etapa y reto que enfrentan.

La familia es el núcleo de la sociedad y, sin duda, es su institución más importante. La familia se basa en el amor, la comprensión, el apoyo, la educación, los valores, el respeto y la libertad. Busca el mayor bien tanto de cada miembro como del grupo. Cada integrante de ella se realiza laborando ya sea en la empresa familiar o en cualquier otra institución o profesión.

Asegurar un buen resultado en ambos campos (en lo familiar y en la empresa), como se analiza en este libro, es tarea difícil y complicada.

Las empresas en su desarrollo van enfrentando distintos retos. El crecimiento va exigiendo mejor y mayor capacidad administrativa, directivos mejor preparados y con capacidades reales de dirección, así como más recursos económicos para una organización más compleja y profesional. Llenar estas exigencias con recursos provenientes de la familia es difícil, ya que sus integrantes, aunque procedan de un tronco común, son personas únicas y distintas.

Cuando se mezclan los sentimientos con la razón, las capacidades reales con las expectativas personales, la seguridad real o aparente con el reto vital de cada integrante, surgen problemas que ponen en riesgo ambas instituciones. Esto no se da de golpe o en una etapa del desarrollo de éstas, se da con la conducta diaria y las decisiones de cada miembro. El resultado es un cúmulo de pequeñas o grandes decisiones que se van tomando y que, de manera perceptible o no, afectan el desempeño de las mismas.

Ante el conflicto hay que tomar decisiones y actuar en consecuencia. Si lo que está en juego es la empresa, ésta tiene reglas y principios que hay que respetar independientemente de sus repercusiones familiares. No hacerlo lleva consigo una afectación mayor o menor que la empresa resentirá.

Sucede lo mismo con la familia y el resultado de errores o equivocaciones puede ser más grave, pues afecta la esencia propia de la institución, sobre todo los vínculos que en ella se establecen. En ocasiones es más fácil volver a ganar dinero, aunque sea en otra actividad, que unir en armonía y amor a los miembros afectados de una familia.

En esa disyuntiva se mueven las empresas familiares. El libro trata profusamente el aspecto psicológico de las relaciones en familia, entre la familia y la empresa, y aquellas que se dan dentro de la propia empresa. Así, el autor nos lleva a través del análisis de su cultura, particularidades, fortalezas y debilidades, a la naturaleza y a la causa de los conflictos que se dan en la relación empresa-familia. Presenta el tema de la continuidad y permanencia, analizando el cambio generacional, la planificación de la sucesión y el retiro del fundador. Destaca algunas particularidades como la necesidad de un estatuto familiar y los órganos de gobierno. Propone un modelo de articulación dinámica.

A través del libro, su autor, Imanol Belausteguigoitia, comparte sus experiencias personales y profesionales, producto de un profundo conocimiento del tema. Además, transmite su cálida visión humana y su compromiso con el sano desarrollo de la empresa familiar.

Es una valiosa aportación que seguramente servirá a muchos para ubicar su problema, comprenderlo y tomar una decisión que permita superarlo.

Defender la empresa familiar, buscar su sano desarrollo y permanencia, hacerlo en armonía y con el consenso de la mayoría de los miembros de la familia es una tarea muy valiosa para la sociedad. Estoy seguro que este libro ayudará a muchos a que ello suceda en su propia empresa.

Agustín Irurita, Presidente del Consejo de Grupo ADO.

Introducción

Cuando niño, una de mis grandes ilusiones era acompañar a mi padre a su negocio, una ferretería. Al crecer, mis hermanos y yo vivimos nuestras primeras experiencias de trabajo durante la preparatoria y la universidad, al lado de nuestro padre, quien nos enseñó a trabajar en el negocio de la familia. Además, tales experiencias nos marcaron favorablemente para toda la vida. Recuerdo mucho la gran satisfacción que él sentía al vernos trabajar y calculo el dolor que pudo sentir al percatarse de que a fin de cuentas, nadie continuaría su negocio, que por ese motivo decidió vender.

Él fue lo suficientemente generoso al igual que mi madre, para apoyarnos en la búsqueda de nuestro camino, a pesar de que no apuntaban en la dirección de la empresa de la familia. El mío me llevó hacia la agricultura, nada que ver con fierros, y me desempeñé en ella durante varios años como diseñador de sistemas de riego, investigador en plaguicidas y empresario en la producción de rosas de invernadero para exportación, entre otras cosas.

Años más tarde, cambié radicalmente de giro al incorporarme a la empresa de mi familia política, una exitosa fábrica de pinturas especiales que dirige mi suegro. Pocas empresas son tan familiares como lo fue aquella organización en años pasados. Para que se dé una idea, durante nueve años trabajé desempeñando el complicado papel de yerno, al lado de mi esposa, hermano, suegro, cuñado y cuñadas en la misma organización. Una situación particular agregaba aún más lazos familiares a la empresa: Estamos casados dos hermanos con dos hermanas y los cuatro interactuábamos en la fábrica.

Con esta historia no pretendo dar a conocer mi biografía y menos aún participar de situaciones peculiares personales a mis lectores, sino que mi objetivo es hacerles saber que he vivido con enorme intensidad la empresa familiar, y que muchos de los conceptos que aparecen en el interior de este libro están basados en vivencias en estas organizaciones y que estoy plenamente consciente de su naturaleza única.

Hoy, al igual que hace años, me parece increíble que existiendo una mayoría apabullante de empresas familiares en el país (9 de cada 10) y teniendo tanta influencia en la actividad económica, no haya prácticamente literatura que se enfoque en ellas. Entonces me resultaba evidente —hoy también— que estas organizaciones vibraban a una frecuencia particular y que la información con que contaban los empresarios para dirigirlas no era la suficiente o adecuada para sacar adelante a sus empresas y familias, y que era necesario contar con otros elementos que contemplaran la dimensión familiar que tanta influencia ejerce sobre la empresa.

Después de estudiar una maestría, requisito autoimpuesto para adaptarme a mi nuevo trabajo, decidí continuar mis estudios con un Doctorado en Administración (UNAM) enfocado en empresas familiares, con el objeto de contribuir al conocimiento en esta disciplina. El estudio de este programa resultó trascendente en mi formación como especialista en el tema de las empresas familiares, ya que tuve la oportunidad de penetrar en el mundo de la investigación en esta disciplina. A la mitad de mis estudios de doctorado (1997), diseñé e impartí la primer materia sobre *Administración de Empresas Familiares en México*, ofrecida por una Universidad, y un *Diplomado en Administración de Empresas Familiares*, ambos programas en el Instituto Tecnológico Autónomo de México (ITAM). Mi experiencia en docencia fue definitiva, no sólo porque confirmó que la mejor forma de aprender es enseñando, sino porque me permitió tener un contacto íntimo con cientos de empresarios, ejecutivos y personas en general, asociados a estas organizaciones, a quienes orgullosamente llamo "mis estudiantes". Posteriormente (1999) fui invitado al programa radiofónico *Cúpula Empresarial* (Oscar Mario Beteta) con comentarios semanales (*Reflexiones sobre empresas familiares*), donde he podido divulgar conceptos aplicables a estas organizaciones, disfrutar enormemente el contacto con mis radioescuchas y, a fin de cuentas, tener una retoalimentación en verdad enriquecedora.

Dejé de laborar en la empresa de mi familia política (1999) para dedicarme de lleno al tema de las empresas familiares, creando el Centro de Desarrollo de la Empresa Familiar (CEDEF-ITAM) y a los pocos meses de su creación realicé estudios posdoctorales en Babson College (Boston), donde impartí cursos y realicé investigaciones en esta disciplina (2000-2001). Asimismo, en los años siguientes ofrecí conferencias, talleres y seminarios en Estados Unidos, así como en diversos países de América Latina y España. Estas experiencias internacionales me permitieron conocer a muchos de los especialistas de talla mundial en esta materia y ponerme en contacto con los conocimientos de vanguardia relacionados con el tema. Además, pude constatar que, si bien hay diferencias culturales entre empresas familiares de diversos países, existen también enormes similitudes que se explican dada la universalidad de la familia.

Faltaba un libro práctico que me permitiera transmitir mis conocimientos y experiencias a gran escala, y que le sirviera al lector para entender la compleja naturaleza de las empresas familiares y a la vez orientarlo a la acción. Éste, querido lector, es precisamente el libro que tiene ahora en sus manos. Consta de cuatro partes, en la primera, *Naturaleza de la empresa familiar*, se dan los fundamentos para entender la compleja dinámica de estas organizaciones; en la segunda, *Naturaleza de los conflictos en empresas familiares*, se describen elementos para manejar y prevenir conflictos; en la tercera, *Profesionalización de la empresa familiar*, se abordan los temas relativos a la transformación de estas organizaciones; y en la última parte, *Continuidad de la empresa familiar*, se abordan cuestiones relativas a la sucesión y al retiro. El libro explica los puntos trascendentes de las empresas familiares, integrando la teoría con la práctica. A través de modelos conceptuales, investigaciones de punta, diálogos, experiencias, casos y ejercicios se dan las herramientas necesarias al lector para que tome decisiones relacionadas con su empresa y su familia. Va dirigido a empresarios de organizaciones familiares y a los miembros de sus familias, a estudiantes, consultores y a todos aquellos que se interesen en estas firmas.

Este libro podrá impactar significativa y positivamente a las empresas familiares en la medida en que sea leído en forma compartida por otros miembros de la familia, principalmente por aquellos que tienen mayor influencia en su organización.

Me gustaría que para usted no fuera un libro del tipo *léase y guárdese*, sino que fuera su libro de cabecera para consultar. Sobre todo aspiro a que contribuya al bienestar de su familia y a la prosperidad de su empresa.

PARTE I

Naturaleza de la empresa familiar

Capítulo 1

Equilibrio entre empresa y familia

A toda acción corresponde una reacción.
Isaac Newton

Casi puedo asegurar que usted, como la mayoría de las personas, se vincula de alguna manera con una empresa familiar, ya sea como empleado, accionista, hijo, hija, cónyuge o pariente político del fundador. También es posible que sólo quiera saber más sobre este tipo de empresas. Sin importar cuál es su caso, este texto le interesará.

Para comenzar le explicaré, a través de una analogía, el difícil problema de mantener un sano equilibrio entre empresa y familia en estas organizaciones, mediante un modelo que desarrollé:

Modelo de equilibrio entre empresa y familia. Imagine un barco constituido por tres partes: proa, popa y cabina de mando, siendo esta última el lugar donde se encuentra el capitán. El barco flota en la medida en que el agua no penetre en él, y para tal efecto debe moverse en armonía con las olas del mar. Si se inclinara más de la cuenta hacia la proa o hacia la popa, el barco podría llenarse de agua y hundirse, por lo que es preciso que mantenga una posición lo más estable posible.

Piense por un momento que el barco de la figura 1.1 es la empresa familiar; la proa representa la familia (F) y la popa la empresa (E). En la cabina de mando se encuentran quienes pueden tomar decisiones relevantes dentro de la organización, como los propietarios y los directores de empresa, que suelen ser los padres de familia. Ellos están representados por el capitán del barco (P), quien tiene la posibilidad de dirigirlo hacia el rumbo que desee, siempre que cuente con la colaboración y el apoyo de su tripulación.

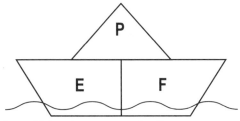

Figura 1.1 Modelo de equilibrio entre empresa y familia.

Para llegar a determinado puerto, es importante que tanto la tripulación como el capitán se pongan de acuerdo sobre la elección del destino y la forma de llegar a él. Son muchos los puertos que la nave podría alcanzar, y es necesario hacer una elección (vea la figura 1.2). No basta la autoridad del capitán para que todas sus órdenes se cumplan. La tripulación debe tener claro que el puerto al que pretende llegar es un buen puerto para ella, pues así pondrá todo su empeño en llegar a él.

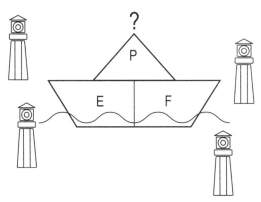

Figura 1.2 Modelo de equilibrio entre empresa y familia: determinando el rumbo.

En ocasiones hay diferencias entre el capitán y la tripulación de proa (F), la tripulación de popa (E) o ambas. Si bien esas diferentes opiniones pueden ser constructivas y ayudar a la buena marcha de la nave, en ocasiones llegan a ser destructivas y perjudican a todos los elementos que viajan en ella. Si los tripulantes consideran que el destino que se pretende alcanzar no es el más conveniente, podrían no desempeñar bien sus actividades; en el peor de los casos si la tripulación se siente amenazada, podría amotinarse. Hay veces que los miembros de la tripulación pierden de vista que el viaje es largo y complicado, y que cada uno de ellos depende de sus compañeros para llegar con bien a su destino. El capitán y la tripulación han decidido iniciar el camino juntos, pero una u otra parte podría abandonar el barco para quedarse en alguno de los destinos o incluso preferir abordar otro barco. Algunos podrían decidir no continuar con la travesía por convenir así a sus intereses, o podría ocurrir incluso que el capitán decidiera, por diversas razones, que algunos miembros de la tripulación no continuaran abordo, entre las más comunes, por no desempeñarse en forma adecuada.

Imagine que el barco, dirigido por su capitán, toma determinado rumbo tratando de alcanzar un destino y, para lograrlo, inclina el barco hacia la proa o hacia la popa, dependiendo de las condiciones de la marea y del viento. Ahora suponga que la situación en este barco es peculiar, ya que la tripulación de proa y la de popa están divididas y la comunicación entre ellas resulta complicada. A veces, cuando las condiciones de navegación son peligrosas, la tripulación siente que las olas podrían entrar al barco, por lo que tanto la tripulación de proa como la de popa podrían pedirle al capitán que modifique la inclinación del barco a su favor, alejándolos así del nivel del agua.

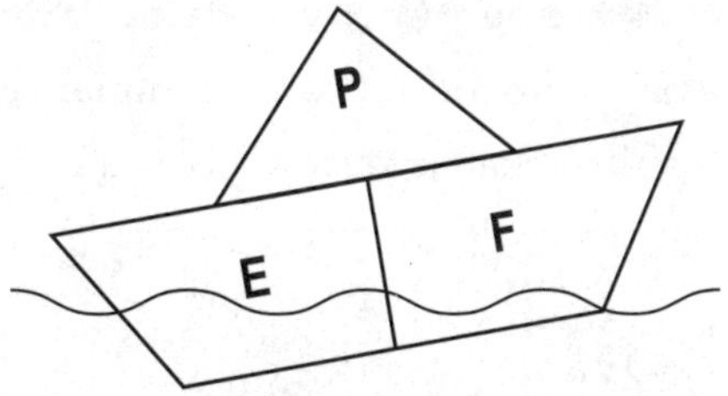

Figura 1.3 Modelo de equilibrio entre empresa y familia: inclinando el barco (proa).

Como puede ver en la figura 1.3, el capitán ha decidido inclinar el barco de tal manera que la tripulación de proa (la familia) se mantenga alejada de las olas. Al inclinar el barco hacia proa, las olas se aproximan a la cubierta en la popa, lo cual afecta a la tripulación ubicada en esta parte del barco. En esta situación, los reclamos de ésta no se harán esperar. El capitán podría tomar la decisión de inclinar el barco en el sentido opuesto, como se muestra en la figura 1.4. En este caso, la tripulación de proa notará la proximidad de las olas y alertará al capitán sobre la situación.

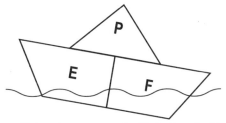

Figura 1.4 Modelo de equilibrio entre empresa y familia: inclinando el barco (popa).

El capitán desea satisfacer las demandas de la tripulación de proa y de popa, pero no siempre puede dar gusto a todos. Hay situaciones en que algunos miembros, o inclusive toda la tripulación (entre ellos, el mismo capitán), pierden de vista que todos van en el mismo barco. Hay veces en que es posible que la tripulación de proa se sienta a salvo por mantenerse más arriba de la línea de flotación, pero eso podría ocurrir porque las olas ya alcanzaron la cubierta en popa (vea la figura 1. 5).

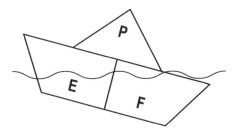

Figura 1. 5 Modelo de equilibrio entre empresa y familia: inundación del barco.

Si eso ocurriera, pronto todo el barco terminará en el fondo del mar sin la posibilidad de salir a flote nuevamente (vea la figura 1.6).

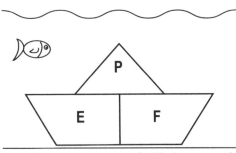

Figura 1.6 Modelo de equilibrio entre empresa y familia: barco en el fondo del mar.

La analogía del barco ilustra la situación que suelen enfrentar las empresas familiares. Los líderes de estas organizaciones se encuentran constantemente ante la disyuntiva de destinar los recursos generados por la empresa a ella misma o a la familia.

Lo paradójico es que canalizar los recursos hacia la familia y descuidar las necesidades de la empresa equivale a inclinar el barco de tal manera que la popa (la familia) tenga el agua cerca de la borda. Aunque los tripulantes de proa puedan sentirse muy seguros, si el agua entra al barco por el otro lado, estarán perdidos. Esto es así porque la empresa no tiene los recursos suficientes para operar en forma adecuada y, pronto, dejará de generar beneficios. En este sentido, la familia podría ser la causante de la desaparición de la empresa familiar.

Por otro lado, si sólo la empresa recibe los recursos y la familia no disfruta de los beneficios generados, los miembros de la familia podrían resentir la carencia de atención y distanciarse del proyecto de la empresa. Los padres de familia que son a la vez líderes de empresa juiciosos, suelen adoptar políticas de austeridad hacia ambas partes. En ocasiones ellos prefieren reinvertir en la empresa la mayoría de los recursos generados por la misma y dedicar a la familia una porción de menores dimensiones. La idea que suelen esgrimir es que *el dinero invertido en la empresa puede dar para la familia, pero el dinero invertido en la familia no da para la empresa*. En estricto sentido tienen razón. Empero, la pregunta que se podría plantear desde la perspectiva de la familia es si alguna vez llegará el momento de canalizar los recursos hacia ella. En otras palabras, ¿tiene objeto que una empresa familiar genere recursos si la familia no los puede disfrutar?

La disputa que se da entre los sistemas familiar y de empresa no es sólo por dinero. También la atención, el tiempo y la energía suelen dividirse entre ambos sistemas. Una empresa es muy demandante y requiere la entrega de sus trabajadores. Ante esta situación es común que se prefiera descuidar un poco a la familia, pero si esta situación se prolonga indefinidamente, a la larga la familia se verá en gran medida afectada.

En principio, parecería que lo más sensato es tratar de mantener una horizontal del barco y evitar la inclinación en cualquiera de ambos sentidos. Podría parecer "justo" que el nivel del agua esté a la misma altura en la proa y en la popa. Sin embargo, algunas veces las condiciones de navegación podrían ser tales que sea preciso perder la posición horizontal, como en el caso de la navegación en un río. Si esto ocurre, será preciso inclinar el barco para evitar que se inunde, aunque se pierda la posición horizontal que se había logrado bajo las condiciones anteriores.

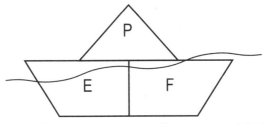

Figura 1.7 Modelo de equilibrio entre empresa y familia: barco en posición horizontal.

En otras palabras, esto significa que en ocasiones algunos de los elementos involucrados, sea la empresa o la familia, pueden requerir una atención especial y cierto sacrificio por parte de la otra. Por ejemplo, la creación de un negocio podría exigir un sacrificio mayor por parte de la familia, y algunas situaciones de gran relevancia para la familia podrían dejar a la organización sin los recursos que ésta necesita. En esos casos, el capitán del barco deberá observar las condiciones de navegación y las demandas de su tripulación para decidir qué posición debe asumir el barco (vea la Figura 1.8). Como en cualquier otro modelo que explique un fenómeno determinado, la realidad de la empresa familiar es mucho más compleja de lo que puede ilustrar la analogía del barco. No por ello el modelo deja de explicar las contradicciones que se viven en estas organizaciones, así como la necesidad de lograr un equilibrio dinámico entre la empresa y la familia.

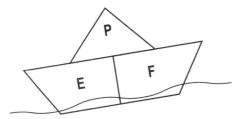

Figura 1.8 Modelo de equilibrio entre empresa y familia: navegación río arriba.

En la tercera parte del libro, en la cual se plantea el tema de la profesionalización, se ilustrará el modelo de articulación dinámica de la empresa familiar, que explica el balance y el acoplamiento que debe existir entre propiedad, empresa y familia. El modelo tiene como base la analogía del barco que presenté en este capítulo.

Capítulo 2

Características de las empresas familiares

*El corazón tiene tanta influencia sobre el entendimiento
que merece la pena ponerlo a nuestro servicio.*
Lord Chesterfield

Influencia económica de las empresas familiares

Hay varios estudios encaminados a determinar la proporción de empresas familiares que existen con relación al total de empresas. En la mayoría de dichos estudios, la proporción se aproxima a 90 por ciento. Sin embargo, es necesario tener en cuenta que tal porcentaje está determinado en función de lo que se entienda por empresa familiar. Por desgracia, las definiciones de las que parten los estudios son diferentes, de modo que no es posible realizar comparaciones entre ellos. En América Latina podríamos esperar índices superiores a los anteriores, con tasas de entre 90 y 95 por ciento, pero estos datos no parten de estudios formales, sino de la apreciación de algunos especialistas. Para no entrar en detalles y manejar una proporción comprensible, se podría estimar que nueve de cada 10 empresas en América Latina son familiares.

La influencia de las empresas familiares en la actividad económica es notable; en Estados Unidos son responsables de la generación de cerca de 50 por ciento del Producto Interno Bruto y de por lo menos la mitad de las fuentes de empleo en el mismo país (Rosenblatt, 1990; Weigel, 1992;

Gersick, 1997). En México y el resto de América Latina se calcula que la influencia de las empresas familiares en la actividad económica es aún mayor.

Las empresas familiares también constituyen un alto porcentaje de la actividad económica en Europa y de otras regiones del mundo, incluso en Cuba, pues hace poco se permitió el desarrollo de pequeñas empresas privadas y las organizaciones familiares han proliferado en gran medida, como es el caso de los restaurantes llamados *paladares*.

Sin embargo, resulta inútil comparar los porcentajes de empresas familiares que existen en diferentes regiones sin definir previamente el concepto de empresa familiar de una manera unificada. Como veremos posteriormente existe una enorme variedad de definiciones de empresa familiar y, por desgracia, cada estudio asume una definición particular. Por ahora basta hacer patente que la gran mayoría de las organizaciones en todo el mundo son empresas familiares. En los países desarrollados las empresas familiares son un gran motor de la economía, y muchas de las grandes organizaciones profesionales y globales no dejan de ser empresas familiares (Lansberg, 1999).

Tal es el caso de las cien mayores empresas estadounidenses que aparecen en un artículo de la revista *Family Business Magazine* (2002). Walmart, propiedad de la familia Walton, es la empresa familiar de mayores dimensiones, y fue fundada en 1962. Walmart registra ventas superiores a los 165 billones (en el Sistema Internacional de Unidades, miles de millones) de dólares al año y da empleo a 1 140 000 personas. Ford Motor Company, propiedad de la familia Ford, fue fundada en 1903, tiene ventas de 162 billones de dólares anuales y emplea a 364 600 trabajadores. Cargill, de las familias Cargill y Mac Millan, que se fundó en 1865, sus ventas ascienden a 150 billones de dólares y da empleo a 84 mil personas. Otras empresas familiares muy exitosas en Estados Unidos son: American International Group (seguros) de la familia Greenberg; Koch Industries (combustibles y agricultura) de la familia Koch; Motorola (comunicaciones) de la familia Galvin; Carlson (hoteles) de la familia Carlson; y Loews (tabaco, hoteles) de la familia Tisch. Otras empresas familiares notables son Anheuser-Busch, Gap, Marriott, Levi Strauss, Enterprise Rent a Car, Hallmark, Johnson, Estee Lauder, McGraw-Hill, Amway y, para finalizar esta larga lista, mencionaré a *The New York Times*, que es una de las empresas familiares más antiguas (fue fundada en 1851).

Las organizaciones familiares no sólo ejercen una gran influencia dentro de la economía formal, sino también como parte de la economía subterránea. Gran cantidad de pequeños negocios y talleres caseros es operada por los miembros de alguna familia. En América Latina numerosos servicios y productos son ofrecidos por negocios familiares a un enorme mercado que está dispuesto a adquirirlos. Dentro de esta forma de operar se pueden encontrar, por ejemplo, a muchas mujeres que elaboran en su casa pasteles, antojitos, helados y otros productos, y los venden ellas mismas u otros integrantes de su familia. No quiero ahondar en el complejo problema de la economía informal, sólo quiero ilustrar la gran cantidad de familias que encuentran su *modus vivendi* en esta modalidad de negocios. Muchas de esas familias se integran a la economía formal después de lograr cierto éxito y logran transformarse con buenos resultados.

Las empresas familiares se desarrollan en todos los segmentos económicos. Éstas pueden ser de todos tamaños (incluidas, como ya mencioné, varias de las mayores corporaciones multinacionales), constituidas bajo diversas formas legales y con distintos grados de profesionalización. No obstante, todas estas empresas tienen algo en común: *la gran influencia que ejerce la familia sobre la empresa.*

Los programas universitarios dirigidos al estudio de las empresas familiares se han multiplicado (Seltz, 1994). El Instituto de la Empresa Familiar (FFI, *Family Firm Institute*) edita cada año un directorio de sus miembros. En la edición de 2003 aparecen 118 centros dentro de varias universidades estadounidenses afiliadas al FFI (111 centros en 2002) y 43 centros ubicados en otros países (38 centros en 2002), entre los que se encuentra el Centro de Desarrollo de la Empresa Familiar (CEDEF-ITAM-MÉXICO), que fundé en el año 2000.

Estos datos hacen patente que este nuevo enfoque de la administración ha sido bien aceptado y que el estudio de las empresas familiares responde a una necesidad de la población y, en América Latina, no es la excepción, aparecen cada año nuevos centros y programas para empresas familiares.

La desaparición de empresas familiares

La desaparición de las empresas familiares debe ser un asunto de suma relevancia y preocupación, dada la importancia que éstas tienen. Por desgracia, estas organizaciones han perdido terreno en América Latina (Andrade, Barra y Elstrodt, 2001) como lo muestran las siguientes figuras. En la figura 2.1 es posible observar cómo el porcentaje de ventas de empresas multinacionales se ha incrementado significativamente, mientras que en la figura 2.2 es visible cómo en América Latina el porcentaje de ventas de las empresas familiares ha disminuido. Es una lástima que no se hayan incluido en el estudio más países latinoamericanos, aunque por fortuna aparece al menos un representante del norte, del centro y del sur de América.

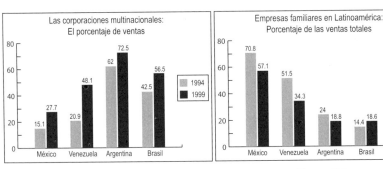

Figura 2.1   Figura 2.2

Con excepción del caso de Brasil, las empresas familiares que se incluyen en este estudio han reducido su porcentaje de ventas totales. En contraste, las corporaciones multinacionales han incrementado su participación. Por fortuna, también hay empresas familiares que han salido muy bien libradas durante este periodo, pero otras no lo han logrado. Algunas de las causas que explican este fenómeno se asocian con la incapacidad de las empresas familiares para adaptarse a un entorno más competitivo. Hay varias investigaciones que muestran las grandes dificultades que enfrentan las empresas familiares para lograr la continuidad en los caminos generacionales. Aproximadamente una de cada tres empresas tiene éxito para pasar la estafeta a la siguiente generación (Lea, 1993; Handler y Kram, 1988; Costa, 1994), como se aprecia en la figura 2.3. Es importante hacer notar que no todos los casos de desaparición de las empresas familiares se deben a fracasos. Hay empresas que deciden perder su carácter familiar al incorporar a otros accionistas y perder el control de la empresa; también puede darse el caso de que haya la oportunidad de cerrar tratos rentables y se decida vender la compañía a terceros.

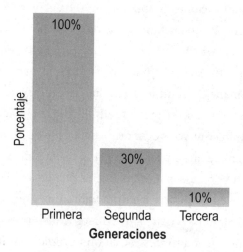

Figura 2.3 Porcentaje de éxito en la sucesión de la empresa familiar.

Existen muchas razones por las cuales las empresas familiares no logran sobrevivir. Un estudio sobre micro y pequeñas empresas mexicanas, elaborado por Maza y Páez (1997), da cierta luz sobre las causas de la desaparición de éstas, lo cual constituye información útil para los empresarios. Las causas señaladas por estos autores pueden dividirse en dos grandes grupos: las estructurales (que tienen que ver con la empresa) y las del entorno (que contemplan aspectos de mercado, financiamiento e impuestos).

El estudio citado indica que los factores administrativos son la principal causa de desaparición de las empresas familiares, seguida por las cuestiones de orden financiero y de política fiscal. A continuación me referiré únicamente a los factores administrativos entre los que se incluyen, principalmente, la carencia o la inadecuada utilización de los sistemas administrativos y, en segundo lugar, el manejo ineficiente de los recursos y la falta de control. Analizaré cada una de estas causas desde la perspectiva de la empresa familiar.

El primer factor de fracaso de orden administrativo es, de hecho, la carencia de un sistema administrativo. Todavía hay emprendedores que dirigen sus negocios en forma improvisada, sin un sistema lógico y eficiente. La creatividad y la imaginación son fundamentales para el éxito de una empresa, pero si no van acompañadas por una gestión sistematizada el esfuerzo no rinde frutos.

Otro factor de fracaso es operar con un sistema inadecuado. Las empresas familiares son organizaciones peculiares y no se deben administrar como si no lo fueran. Recuerde que la familia incide en forma directa sobre la empresa, y que es necesario tenerla en cuenta. En cierto sentido, la aplicación de un sistema de dirección que no conozca la naturaleza de la familia propietaria y maneje la empresa familiar en forma inadecuada con relación a la familia es, en sí, un sistema de administración inadecuado.

El tercer factor administrativo es el manejo ineficiente de los recursos. He comentado sobre la batalla que suelen sostener el sistema de empresa y el de la familia para obtener recursos. Los beneficios que genera la empresa estarán frecuentemente en disputa, y siempre habrá una gran tentación de favorecer al sistema de familia y dejar sin recursos a la empresa.

La cuarta y última causa administrativa que propicia la desaparición de las empresas familiares es la carencia de control. Aunque este factor tiene que ver con los anteriores, en este punto me referiré sólo a la delegación. La delegación es una herramienta básica de la administración, pero si no se ejerce de manera eficaz puede llevar a las organizaciones al caos. Para delegar efectivamente es necesario, antes que nada, contar con una persona que sea capaz de llevar a cabo las tareas que se le encomiendan. Éste puede ser el primer problema para las empresas familiares. ¿Realmente tienen las empresas familiares un personal confiable en el cual puedan delegar?

Como conclusión diré que, si bien el entorno determina en gran medida el éxito o fracaso de las organizaciones, éste será determinado por las acciones de las personas que las dirigen.

El éxito de estas organizaciones y su permanencia se correlacionan directamente con su comprensión y su planeación. En las siguientes páginas se aclarará la compleja naturaleza de la empresa familiar, con ayuda del enfoque sistémico que visualiza a la empresa familiar como un sistema con características peculiares.

La empresa familiar como un sistema

En las empresas familiares se percibe realmente la interacción de dos complejos sistemas sociales (familia y empresa), lo cual constituye un sistema dual. La comunidad científica que estudia esta materia ha dado una buena acogida a este modelo conceptual, que ha servido para desarrollar otros modelos más complejos. Whiteside y Brown (1991) consideran que el enfoque dual resulta importante para reconocer características relevantes de este tipo de organizaciones, pero también que si se enfatizan las diferencias entre estos sistemas, se puede caer en errores de tipo conceptual como: 1) estereotipar el funcionamiento de los sistemas, 2) elaborar un análisis inadecuado o inconsistente de la dinámica interpersonal, y 3) realizar un análisis deficiente de la empresa como un todo, así como exagerar las nociones propias de las uniones entre sistemas.

La teoría general de sistemas refuerza la visión de que es necesario dirigir nuestra atención a la interacción de diversos elementos en el sistema para comprenderlo, y que éste no puede ser comprendido si se analizan sus elementos en forma individual. Asimismo, la teoría general de sistemas establece que *el todo* es más que la suma de sus partes, por lo que la empresa familiar es más que la suma de dos sistemas. Lo cierto es que el enfoque sistémico constituye una herramienta que permite conceptualizar y diseñar objetos como si fueran sistemas.

El uso del término *sistema* se ha difundido en forma notable en las últimas décadas, hasta llegar a convertirse incluso en una palabra de moda, tanto en algunas áreas del conocimiento como en la vida cotidiana. En griego antiguo, el término 'sistema' significaba "mantenerse unidos". Bertalanffy (1959) es uno de los investigadores que identificaron la necesidad de unificar la ciencia a través del concepto de sistema, basándose en la creencia de la universalidad y la generalidad del mundo y sus leyes.

Este enfoque plantea dos formas de ver una misma cosa. La primera se refiere a su función como totalidad, en sus relaciones con otras cosas que existen en su entorno. Por ejemplo, una empresa puede entenderse como una organización que proporciona servicios y productos a diversos clientes y que, además, se surte de una serie de proveedores y aporta un beneficio a la sociedad, entre otras situaciones, al pagar sus impuestos. La segunda distingue una cosa como el conjunto de sus partes. Este enfoque considera a la empresa como la integración de una gran variedad de elementos. Ambas formas de visualización constituyen los paradigmas sistémicos. El primer caso se conoce como *método de construcción sistémica por composición* (primer tipo) y, aplicado al análisis de la empresa familiar, se refiere a las relaciones que mantiene la organización con su medio ambiente, con sus competidores, clientes, gobierno, proveedores, etcétera. La empresa familiar se visualiza como integrante de un espacio más amplio donde se aprecia su influencia sobre otros sistemas; es decir, en este caso se trata de una visión hacia el exterior de la empresa. El segundo caso es *el método de construcción sistémica por descomposición funcional* (segundo tipo), bajo el cual se visualiza a la empresa familiar como un sistema integrado por diversas partes que se relacionan entre sí de modos muy variados. Entre ellas se encuentran las instalaciones, los equipos, los recursos y muchas cosas más, y lo más importante: las personas que trabajan en ella, sean o no miembros de la familia. Este paradigma representa la visión al interior de la empresa.

Los subsistemas de empresa y familia ejercen entre sí una influencia mutua (un subsistema es un sistema dentro de otro). Si un subsistema experimenta un cambio, el otro lo resiente y manifiesta una reacción. Isaac Newton diría que... *a toda acción corresponde una reacción*. Si, por ejemplo, el sistema de familia eleva sus exigencias de liquidez, afectará a la empresa de cierta manera, y la empresa reaccionará de alguna forma a esa exigencia. Por otro lado, si la empresa demanda más recursos para su crecimiento, la familia podría requerir apretarse el cinturón, con todas las consecuencias que esto pudiera generar.

Mediante la teoría general de sistemas, fundamentada en estos dos paradigmas, se ha logrado entender mejor a las empresas familiares.

Definición de empresa familiar

Toda área del conocimiento debe erigirse sobre una base teórica. Sin embargo, en el campo de la administración de empresas familiares, la fuente primaria de material está constituida por la amplia experiencia y la vasta literatura de compañías no familiares. El tema de las empresas familiares carece de una integración teórica y empírica, amén de que no cuenta con una definición unificada de su objeto de estudio. Se trata de una disciplina joven y la mayoría de la información que genera es prescriptiva, lo cual no permite la comparación y la generalización entre los diferentes estudios.

La falta de integración teórica propicia que existan muchas definiciones sobre la empresa familiar. Wortman (1994) reporta más de 20 definiciones en Estados Unidos. En México, los pocos profesionales que se dedican a esta disciplina también manejan definiciones diversas.

Ofrecer una definición de empresa familiar representa el primer reto que enfrenta un especialista en el estudio de este tema. Otros conceptos asociados con la empresa familiar tienen el mismo problema, como es el caso del término *sucesión*.

A pesar de que no hay consenso sobre la definición de empresa familiar, la mayoría de los expertos la asocian con el control accionario y la dirección de la organización en manos de los miembros de una familia. Unos la definen en función del grado de involucramiento de la familia, mientras que otros la ven como una organización destinada a ser transferida a la siguiente generación para su control y administración. Yo suelo definir la empresa familiar de una manera muy simple:

> **Una empresa familiar es una organización controlada y operada por los miembros de una familia.** Desde una perspectiva diferente, digamos espiritual, suelo referirme a **empresas con alma**, dado que el corazón de las familias está en ellas.

En la empresa familiar debe haber interacción entre dos o más miembros de una familia para que se viva en realidad la dinámica propia de este tipo de organizaciones. Hay que notar que la palabra "control" no implica necesariamente que la familia tenga una mayoría accionaria.

El cuadro 2.1 condensa diferentes definiciones de empresa familiar, según Handler (1989).

Cuadro 2.1 Definiciones alternativas de empresa familiar.

AUTOR	DEFINICIÓN
Alcorn	Organización lucrativa operada y controlada por una familia.
Barry	Una empresa que en la práctica es controlada por los miembros de una familia.
Barnes y Hershon	Organización controlada por uno o varios miembros de una familia.
Dyer	Organización en la cual las decisiones con relación a su dirección y control son influidas por la relación de aquella con una familia (o con varias familias).
Lansberg, Perrow, Rogolsky	Una organización en la cual los miembros de una familia tienen el control legal sobre la propiedad.
Stern	Una organización controlada y operada por los miembros de una o dos familias.
Beckhard y Dyer	Los subsistemas del sistema de empresa familiar incluyen: 1) la empresa como entidad, 2) una familia como entidad, 3) el fundador como entidad y, 4) entidades de enlace como el consejo de administración.
Davis	La interacción entre empresa y familia establece el carácter básico de estas organizaciones y define su singularidad.
Ward	Una organización que pasará a la siguiente generación para su dirección y control.
Donnellery	Una compañía en la que se han identificado por lo menos dos generaciones de una familia y ese vínculo ha tenido influencia en las políticas de la empresa, así como en los intereses y objetivos de la familia.
Rosenblatt, de Mik, Anderson y Johnson	Cualquier negocio en el cual la mayoría accionaria o el control recae sobre una sola familia, y en la que dos o más de sus miembros están o han estado involucrados con el negocio.

Cuando se intenta articular una definición precisa se descubre que las empresas familiares son un fenómeno muy complicado, y es casi imposible elaborar una definición unificada, pues se pueden dar los siguientes casos peculiares, que, no obstante, se podrían considerar como empresas familiares: a) una organización controlada mayoritariamente por una familia pero que no es operada por sus miembros, b) un negocio de una gran compañía multinacional operado por miembros de una familia local, c) una empresa controlada por dos personas sin relación familiar cuyos hijos trabajan en ella, d) un negocio que es propiedad de dos amigos del alma, que son como hermanos.

Resulta curioso observar la gran cantidad de personas que no saben si su empresa es familiar. En muchos de los cursos y talleres que he impartido surgen elementos que me hacen dudar y reflexionar sobre la naturaleza de una empresa; esto ocurre porque a pesar de que en varios de los casos las empresas podrían no ceñirse a una definición de empresa familiar, la dinámica que se vive en dichas organizaciones es propia de las empresas familiares, de manera que los conocimientos generados en el campo de las empresas familiares pueden ser utilizados en tales compañías.

El término *empresa familiar* para muchos resulta peyorativo, por lo que se resisten a aceptar que las suyas son organizaciones familiares. Así, suelo escuchar comentarios como "Mi empresa es profesional y no familiar", de labios de varios propietarios y directores, como si las expresiones "profesional" y "empresa familiar" fueran incompatibles, excluyentes o contrarias.

Algo claro en ello es que resulta un error definir las empresas familiares por su tamaño, así como creer que se trata de organizaciones pequeñas. Ciertamente la mayoría de las micro y pequeñas empresas son familiares, pero entre ellas se encuentran también varias de las empresas más grandes de México y del mundo. Bimbo (por citar una empresa familiar de México), al igual que Walmart, Ford y Dupont, son ejemplos de grandes empresas familiares.

Pero también es cierto que existen muchas empresas familiares pequeñas, lo cual es más notorio dentro de la economía informal o subterránea, en la que existe un elevado porcentaje de organizaciones familiares no registrado, que ofrecen trabajo a millones de personas tan sólo en América Latina.

La empresa familista

> *El camino es tan cómodo y fácil, que podría llevar al peligro.*
> William Shakespeare

En cierto sentido, la empresa familista representa el lado oscuro de la empresa familiar. De la Cerda y Núñez (1993) son investigadores mexicanos que han escrito sobre la administración de empresas familiares y manejan el concepto de "familismo". Definen el familismo como la extensión de la familia en la actividad empresarial, esto es, que se rige por valores y estructuras familiares en el sistema de empresa y es característico de organizaciones no profesionales. Las estructuras y relaciones típicas de la familia se trasladan y perpetúan en las organizaciones de trabajo. En pocas palabras, una organización familista incluye entre sus filas un gran número de parientes de los propietarios, que no son capaces de aportar valor a la organización o incluso pueden disminuirlo. Los autores establecen que, según la visión que se tiene en otras partes del mundo, el familismo es la característica más evidente de las organizaciones mexicanas. El padrinazgo y el compadrazgo son alianzas organizacionales de tipo familiar que refuerzan las relaciones sociales y las posibilidades de ascenso en las empresas de corte familista en México y otros países de América Latina.

Autores extranjeros han escrito sobre las empresas familiares en México, como Riding (1986), que en su libro *Vecinos distantes* establece que "El mexicano suele defender sus intereses personales y familiares en toda situación, dejando considerablemente atrás los intereses de las instituciones."

Es importante reconocer que tanto en México como en el resto de América Latina existen muchas empresas de corte familista que suelen ser dirigidas por líderes autocráticos y paternalistas, por lo que la movilidad al interior de la organización (ascensos) depende de las alianzas que se establezcan con la familia en el poder. Estas organizaciones están llenas de parientes ineficaces que encuentran un *modus vivendi* en la organización de la familia, ya que difícilmente tendrían la oportunidad de ser contratados por otras empresas.

No hay que confundir a la empresa familiar con la familista, pues ambos conceptos son diferentes. Dado que la empresa familista representa el lado oscuro de la empresa familiar, quienes aspiren a mantener vivas sus empresas deben alejarse tanto como les sea posible de esta figura organizacional.

A continuación relataré una parábola que me contó, hace algún tiempo, uno de mis alumnos. La llamo "parábola del aguador" y tiene que ver con las empresas familistas.

Parábola del aguador

Había una vez un hombre que vivía en una aldea. Para abastecerse de agua iba todos los días a un pozo que se encontraba cerca de su hogar. Muy temprano por la mañana se dirigía al pozo y, una vez que llenaba los baldes, emprendía el camino de regreso a casa. Era posible observar cómo parte del agua caía sobre el camino porque los baldes estaban rotos. Podían apreciarse a lo largo del camino dos franjas de terreno húmedas. Sus vecinos lo observaban recorrer ese camino y se preguntaban: "¿Qué no se dará cuenta que sus baldes están rotos y que está tirando agua?"

Un día uno de los vecinos no resistió la tentación y decidió acercarse a él. Le preguntó: "Amigo, ¿qué no te das cuenta que tus baldes están rotos y que tiras buena parte del agua que acarreas?"

"¡Claro que me doy cuenta!", contestó el hombre. "De esa manera puedo regar las flores que se encuentran a los lados del camino."

En esa aldea todos los caminos estaban secos, sólo el del hombre tenía flores a los lados.

Es probable que en esta parábola podamos encontrar varias enseñanzas, pero sólo me concentraré en una de ellas para aplicarla al tema de las empresas familiares. En las empresas familiares encontramos muchos dirigentes parecidos el aguador de la parábola. Ellos son capaces de derramar parte de los recursos que necesitan sus empresas a favor de sus familias. En pocas palabras, este tipo de dirigentes está dispuesto a sacrificar las necesidades de la empresa para responder a las necesidades de su familia. No obstante, un director también podría derramar agua como el personaje de la parábola si contrata un familiar poco calificado, si no exige lo suficiente a los miembros de la familia que trabajan con él o si, en vez de reinvertir los recursos económicos que genera la empresa, los saca de ella en forma desmedida.

Claro está que cualquiera estaría dispuesto a derramar un poco de agua con tal de tener un camino lleno de flores y así sentir alegría por recorrerlo todos los días. A quienes estén dispuestos a hacer esto les recomendaría medir el tamaño de los agujeros de sus baldes. No es conveniente tirar tanta agua como para morir de sed, pues, si usted muere, a la larga también se secará el camino de flores. Todos necesitamos un abasto de agua y también nos gustaría tener un camino con flores, pero a veces no es posible tener las dos cosas, al menos no en el grado que quisiéramos.

Otra forma de hacer las cosas, más ordenada y previsora, es tapar por completo esos agujeros y acarrear el agua al hogar sin fugas. Después de usar el agua necesaria, si sobra un poco, puede regar las flores. De esta manera el manejo del líquido sería más eficiente.

Los prisioneros en las empresas familiares

La empresa familista es, en cierto sentido, una prisión en la que se puede encontrar una gran gama de prisioneros. En uno de sus múltiples casos didácticos, el IPADE (1991) toca el tema de los prisioneros en forma magistral, estableciendo que es posible afirmar que existen más prisioneros en las empresas familiares que en las cárceles. Según el diccionario un prisionero es aquella persona o militar que cae en poder del enemigo durante una campaña; también es el cautivo de un afecto o pasión, o el que no tiene libertad para moverse y que está recluido en un sitio determinado.

Siguiendo estas definiciones se puede inferir que, en efecto, hay muchos prisioneros de diferentes clases en estas organizaciones (aunque también los podemos encontrar en otro tipo de organizaciones).

Quizá los más comunes de todos sean los prisioneros de la comodidad. Estos prisioneros son las personas que han tenido al alcance de la mano la fuente de trabajo que les proporcionaba la misma familia y nunca se plantearon laborar en otra parte. No se arriesgaron ni siquiera a imaginar otro estilo de vida y son prisioneros de lo que sus mayores decidieron para ellos.

Existen los prisioneros de la incapacidad. Son las personas que tenían muy claro que serían directores de la empresa de sus padres y nunca vieron la necesidad de esforzarse para incrementar sus habilidades. Después de todo, se preguntan, ¿para qué terminar una carrera o estudiar un posgrado si todo esto será mío de todos modos? Esa falta de capacidad los ha limitado a trabajar únicamente en una empresa, la de su familia. Nadie los contrataría para ocupar un puesto similar en otra compañía.

Los empleados también pueden ser prisioneros. Si no han recibido capacitación ni se les ha exigido lo suficiente, a la vuelta de los años se descubrirá que no han desarrollado su verdadero potencial y, por lo mismo, que no pueden tener cabida en otras empresas.

Los parientes políticos pueden ser prisioneros de la empresa familiar, como puede ser el caso de los yernos. Quizá un yerno tenga inquietudes ajenas al negocio de la familia de su mujer, pero es posible que la única manera de garantizarle un nivel de vida al que ella está acostumbrada sea trabajar en la empresa de su suegro.

Las esposas de los directivos de empresas familiares pueden ser prisioneras también. Probablemente no conocen ni conocerán el negocio de sus maridos, pero ellos deciden la suerte de sus mujeres, incluso después de su muerte.

Existen los accionistas prisioneros que, por desear conservar parte de la empresa o por no poder vender sus acciones al precio que les satisface, se quedan en ella desperdiciando su tiempo y tolerando o propiciando situaciones bastante desagradables.

Existen muchos más prisioneros que los descritos aquí y, seguramente, usted ya haya identificado algunos otros. Sin embargo, lo importante no es identificarlos sino liberarlos o bien liberarnos, pues nosotros mismos podríamos ser los prisioneros.

Aquí cabe una pregunta... ¿quién es el carcelero? Puede ser el líder de la empresa que no ha hecho mucho por propiciar el desarrollo de sus miembros. Podríamos pensar también que cada uno es su propio carcelero si uno no ha tenido la voluntad de abrir su propia celda.

Capítulo 3

Modelos conceptuales de la empresa familiar

> *Los hechos son el montón de ladrillos y maderas. Sólo una teoría consistente puede convertir ese montón en un edificio imponente.*
> Isaac Asimov

En la literatura sobre organizaciones suele considerarse que la empresa familiar es casi una aberración, al ser ésta una forma primaria (o primitiva) de organización empresarial; no obstante, un análisis más profundo del tema muestra que esto no es así. La empresa familiar, lejos de ser una deformación, puede visualizarse como la unión de subsistemas con funciones específicas, con atributos que pueden ser fuente tanto de fortalezas como de debilidades.

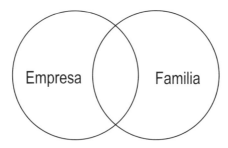

Figura 3.1 Modelo de dos círculos de la empresa familiar.

Tomando los conceptos de la teoría general de sistemas vistos anteriormente, se puede hablar de que en las empresas familiares hay dos subsistemas interrelacionados, la empresa y la familia. Imagine un círculo para cada uno de ellos e interséctelos. Observará un área de intersección (vea la figura 3.1), que se podría denominar área de conflicto. En el capítulo 4, que trata el tema del conflicto, retomaré este modelo para ilustrar las implicaciones que tiene separar los subsistemas de empresa y familia.

Son ya varios los modelos conceptuales que se han elaborado respecto de la empresa familiar, todos los cuales intentan resaltar sus características particulares e ilustrar su naturaleza. Uno de los más difundidos es el de Tagiuri y Davis (1982), denominado de los tres círculos. Este modelo presenta tres subsistemas interconectados (empresa, familia y propiedad) y cuatro áreas de intersección que ilustran los diversos papeles que pueden desempeñar los miembros de estas organizaciones en forma simultánea. Gersick, *et al.* (1997) lo utilizan como base para *plantear su modelo evolutivo tridimensional* (vea la figura 3.2), en el cual se describen las etapas por las que pasan los subsistemas de empresa, familia y propiedad. Estos autores concluyeron que los subsistemas de empresa y familia no explicaban cabalmente la dinámica de estas empresas y que era necesario incluir el de propiedad. Argumentan que a pesar de que los miembros pueden ser de una misma familia, sus intereses y su poder están claramente determinados por el subsistema de propiedad.

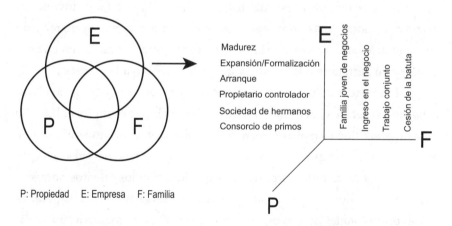

Figura 3.2 Modelo de tres círculos y modelo evolutivo tridimensional.

Estos modelos contrastan con el de organizaciones no familiares de Swinth y Vinton (1993), que aparece en la figura 3.3. En dicho modelo, el subsistema familiar está ausente y es posible observar que la propiedad y la dirección son subsistemas interconectados que en la práctica suelen ser asumidos por la misma persona (o por el mismo grupo de personas) en una organización, si bien existen excepciones, en especial en las empresas de mayor tamaño. En las empresas familiares también se da esta situación, pero es preciso tener en cuenta la influencia del sistema familiar sobre la empresa.

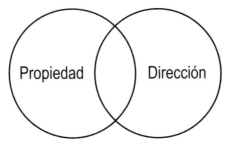

Figura 3.3 Traslape entre propiedad y dirección.

En una empresa familiar hay notables diferencias entre los subsistemas familiar y de empresa, lo que da pie a una contradicción. El primero se caracteriza por ser emocional, mientras que el segundo es racional y objetivo. El sistema familiar tiende a brindar protección a los miembros de la propia familia y suele ser incondicional hacia ellos. El segundo pretende ofrecer retribuciones en función de la contribución que haga cada miembro.

Separar las cuestiones del trabajo y las de la familia es una de las recomendaciones más comunes y efectivas para mejorar la marcha de las organizaciones familiares. El éxito de esa separación radica en no confundir qué pertenece a la familia y qué compete sólo a la empresa.

Las relaciones que establecen los integrantes de la familia en el trabajo suelen ser de orden familiar, no profesional; por ejemplo, el líder de una organización es más un padre que un director, el primogénito asume en la empresa una gran autoridad sobre sus hermanos menores sólo por ser mayor (aun cuando no posea las capacidades o los talentos para serlo), o que las mujeres, por el simple hecho de serlo, no son consideradas como profesionales dentro de la empresa familiar o ni siquiera son consideradas una opción real para la sucesión.

Es posible solucionar el problema de la confusión de papeles si se juega el papel adecuado tanto en la familia como en el trabajo. Coloquialmente hablando consiste en "saber ponerse la cachucha correcta" en el sistema correcto. Es decir, si uno está en el subsistema de familia, se pondrá la cachucha de padre, madre o hija; por el contrario, en el sistema de empresa cada quien deberá asumir la función de director (o directora), gerente o jefe. Resulta evidente que esto no es una tarea sencilla, pues se requiere conciencia y fuerza de voluntad, pero si se logra, en poco tiempo las relaciones dentro de la empresa se vuelven más profesionales, los conflictos se reducen y el ambiente de trabajo mejora. A usted, querida amiga, querido amigo, le sugiero que si trabaja con su familia se pregunte si su relación con ellos en el trabajo es de corte profesional o si se limita únicamente a conservar su relación familiar. Si dicha relación no es profesional, le conviene aprender a ponerse la cachucha correcta, y cuanto antes lo haga mejor. En el capítulo 4 ahondaré en el interesante tema de las relaciones familiares dentro de la empresa.

La empresa intergeneracional

Existen diferentes categorías de empresas familiares, y la más común de ellas es aquélla en la que trabajan dos o más generaciones simultáneamente. Este tipo de empresa se conoce como empresa familiar intergeneracional. Como evidencia de lo anterior se tiene el estudio realizado en México a 111 empresas familiares por Kajihara (1998), quien determinó que 82 por ciento de ellas eran intergeneracionales.

Esta clase de organizaciones puede visualizarse como la unión de tres subsistemas: la generación mayor, la generación menor y la empresa. A continuación se describe el modelo conceptual propuesto por Weigel (1992) sobre la empresa familiar intergeneracional.

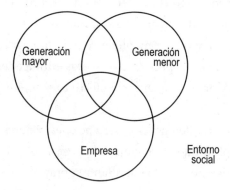

Figura 3.4 Modelo de empresa intergeneracional.

Las empresas familiares donde trabajan por lo menos dos generaciones se denominan intergeneracionales, y suelen presentar una dinámica más compleja que aquellas donde sólo labora una generación. Las diferentes circunstancias que viven padres e hijos propician una visión estratégica muy diferente del negocio, lo cual puede dar pie a confrontaciones benéficas para la compañía, aunque también puede ser el origen de tensiones. Si estamos convencidos de que dos cabezas piensan más que una, entonces debemos coincidir en que dos generaciones piensan más que una. Partamos de la suposición general de que pensar más conduce a tener mejores resultados que pensar menos, aunque esta suposición a veces no resulta cierta. En este tipo de empresas formadas por tres subsistemas interconectados, si uno de ellos sufre un cambio, los restantes también lo resentirán; es evidente que en estas organizaciones hay más conflictos, pero también son más sinérgicas, dado que se involucran en ella miembros de más de una generación.

La velocidad con que cambia el entorno empresarial propicia que las técnicas, productos, servicios y formas de hacer negocios se vuelvan obsoletos rápidamente. A los jóvenes, por su mera circunstancia, les resulta más sencillo incorporarse a dichos cambios que a los miembros de mayor edad, quienes a menudo experimentan dificultades para asimilar las nuevas tecnologías. Los hijos suelen retar lo establecido y pretenden romper los paradigmas que propiciaron el desarrollo de las organizaciones de sus padres, creando así nuevas formas de hacer las cosas. La percepción de que los tiempos de sus padres han caducado puede llevar a los jóvenes a menospreciar los conocimientos, habilidades y experiencias de sus mayores. Ese menosprecio, además de ser injusto, resulta peligroso, pues además de poner en riesgo el negocio, puede separar a las familias. A las generaciones menores de las empresas familiares les conviene valorar la experiencia de sus mayores y mantenerse abiertas para recibir sus enseñanzas. Aprender de las experiencias de otros es una alternativa al aprendizaje de ensayo y error que, aunque efectiva, requiere mucho tiempo y resulta onerosa.

En resumen, la diferencia de percepciones, valores e intereses entre generaciones propicia que estas empresas posean un mayor potencial de conflicto. A pesar de esto, resulta interesante subrayar que en un estudio inédito que realicé en 1998 determiné que existe una mayor coincidencia entre valores individuales, de familia y empresariales en el caso de miembros de empresas familiares, que entre los miembros de empresas no familiares.

El estudio de cada subsistema y de las zonas de intersección que ilustran las relaciones entre ellos, ayuda a conocer con mayor profundidad este tipo de organizaciones.

Particularidades de la empresa familiar

El área del comportamiento humano no es la única en la que es posible establecer diferencias entre las empresas familiares y las que no lo son. Desde la dimensión financiera, según Dreux IV (1990), existen diferencias importantes que a continuación se mencionan:

a) Tienden a sobrecapitalizarse y a contraer pocas deudas (o ninguna) y suelen tener alta liquidez. Con frecuencia sus márgenes de operación y su retorno sobre activos exceden a los de sus competidores públicos. Como resultado, estas empresas tienen la capacidad financiera de considerar alternativas inalcanzables para otros. Los negocios familiares suelen estar económicamente subdesarrollados, en el sentido de que no son tan grandes como podrían ser. Es posible que en cuanto el dueño de estas organizaciones alcanza un bienestar económico, no le interese optimizar el tamaño de su empresa o sus ingresos, si esto requiere que haga un sacrificio en su vida personal.

b) Al ser empresas privadas, los negocios familiares tienen dos ventajas estratégicas: 1) no es necesario que produzcan utilidades en el corto plazo (por ejemplo, trimestrales) para mantener contentos a sus accionistas y analistas, por lo que se pueden orientar al largo plazo, y 2) los competidores no tienen fácil acceso a la información de estas organizaciones, mientras que en las empresas públicas es fácil obtenerla.

c) Las empresas familiares normalmente operan sin un sistema burocrático rígido, por lo que las decisiones son tomadas con rapidez e intuición; asimismo, son capaces de ajustarse con prontitud a los cambios de su entorno.

d) Dado que en estas empresas los subsistemas de la empresa y de la familia interactúan, no se suelen tomar decisiones puramente racionales que afecten a la empresa, sino que los intereses de familia también juegan un papel importante en la toma de decisiones.

e) Muchos negocios familiares tienden a orientarse hacia las ventas y la producción, dejando las finanzas, la mercadotecnia y la planeación en un segundo plano.

f) Los dueños de estas empresas tienden a operarlas con un soporte gerencial limitado, en comparación con las públicas (Dreux IV, 1990).

Dailey y Dollinger (1992) presentan los resultados de un estudio de campo donde se discuten las diferencias entre las empresas familiares (*family owned and managed firms*) y las que no lo son (*professionally managed firms*), en cuanto a su estructura, procesos y desempeño. Los autores demuestran que existen diferencias significativas entre estos dos grupos. Ellos encontraron las siguientes evidencias:

1) Las empresas familiares logran un mejor desempeño como resultado de la unificación de la propiedad (posesión de la empresa) y del control (la administración).
2) Las empresas no familiares (profesionales) suelen ser de mayores dimensiones que las familiares.
3) Las empresas no familiares suelen ser más antiguas que las familiares.
4) Las empresas no familiares tienen mayor control interno en su operación.

Una opinión muy difundida es que entre más pronto se releve a los miembros de las familias de las funciones administrativas, mejor será para las firmas. Este argumento parece no ser válido, pues en este estudio se muestra que la sustitución de los miembros de la familia por gerentes profesionales representa altos costos para la compañía. Sin embargo, es preciso tener en cuenta que también hay costos asociados a los conflictos que suelen presentarse cuando la administración es ejercida por miembros de la familia. Existen múltiples casos en que la familia propietaria decide sustituir a los familiares por ejecutivos profesionales, pero después de un tiempo los primeros regresan a ocupar sus puestos porque el desempeño de la empresa empeoró. El hecho de contratar profesionales ajenos a la familia no garantiza en ningún caso que éstos se desempeñarán mejor que los integrantes de la familia misma.

Particularidades de las empresas familiares mexicanas

El valor que se da a la familia en México es una característica cultural relevante, e incluso una de las más importantes. Los niños se desarrollan sintiéndose queridos, protegidos y apegados emocionalmente a la familia. Esa conducta suele transmitirse hacia la empresa, en la que se prefiere contratar a miembros de la familia y amigos cercanos. Como consecuencia, el trabajo tiende a ser una extensión del hogar, en la que el dueño juega, como autoridad moral, el papel de padre. Las organizaciones familiares sufren cambios estructurales importantes al crecer, pero estas modificaciones no le restan importancia a los lazos familiares (Belausteguigoitia, 1996).

Kras (1991) reconoce una gran sensibilidad emocional en los mexicanos: "La manera mexicana de hacer las cosas difiere mucho de la anglosajona, en la que, por lo menos en lo que se refiere al trabajo, se le da más importancia a la tarea que al individuo. El mexicano se siente motivado principalmente por el respeto personal y el reconocimiento. En consecuencia, en una situación laboral, las relaciones personales deberán cultivarse cuidadosamente para obtener de la fuerza laboral el compromiso de que logrará la máxima eficiencia y productividad."

La sensibilidad emocional de los mexicanos no resulta sorprendente, conociendo la preeminencia que se le da en México a las relaciones interpersonales. En México, la tendencia a minimizar la importancia de la persona, considerándola sólo una herramienta para el eficiente funcionamiento de la organización, suele percibirse como una deshumanización del trabajo. Se puede esperar que los trabajadores mexicanos se desempeñen mejor si primero se tiene en cuenta a la persona y después la tarea (Kras, 1991).

Las empresas familiares mexicanas tienen atributos particulares que las distinguen de las de otros países, en gran medida debido a las características que poseen sus familias (Grabinsky, 1994). Por lo general, las familias mexicanas suelen ser numerosas. El INEGI (2000) hace una clasificación de las familias mexicanas en tres grupos: a) la familia nuclear (integrada por padres e hijos), b) la familia extendida (integrada por los mismos elementos de la nuclear y otros parientes), y c) la familia individual (hogares formados por miembros no emparentados). Las relaciones en la familia mexicana suelen ser muy fuertes, inclusive en el caso de las familias extendidas, en las que la influencia de los abuelos resulta notable (Díaz Guerrero, 1996). El promedio de miembros en una familia es de 4.8. Setenta y cinco por ciento de las familias son nucleares, 22 por ciento son extendidas y tres por ciento son individuales.

La cultura de la empresa familiar

La cultura de la empresa familiar juega un papel importante en la determinación del éxito del negocio, y puede manifestarse, según Dyer (1988), en cuatro dimensiones:

1) *Aspectos tangibles.* Normalmente se trata de cuestiones físicas como la manera de vestir, el lenguaje y los rituales. Éstas son las manifestaciones más visibles de la cultura. Este nivel puede considerarse como la representación simbólica del siguiente nivel.
2) *Perspectivas sociales compartidas.* Una perspectiva es el conjunto de ideas y acciones que una persona utiliza para enfrentar una situación problemática. Son normas y reglas de la conducta que un grupo acepta para tratar diversos problemas. Las perspectivas son reglas específicas aplicables a situaciones determinadas.
3) *Los valores.* Éstos representan no sólo el tercer nivel sino también una dimensión más amplia, como la honestidad, el servicio al cliente, etcétera. Estos valores pueden ser formales o informales, y es posible encontrarlos en la filosofía de la empresa. Desde luego, es necesario distinguir entre los valores ideales y los valores reales de un grupo cuando se emprende el análisis de la cultura organizacional de una compañía.

4) *Los supuestos básicos del grupo.* En ellos está el origen de la cultura de la compañía y los otros niveles están fundamentados en ellos. Los supuestos son las premisas sobre las que los grupos basan su forma de ver la vida, y en los que se sustentan los otros tres niveles. Estos supuestos se refieren a aspectos profundos como la naturaleza humana, el significado del trabajo, etcétera. En este punto se notan diferencias relevantes entre la cultura latinoamericana y otras culturas.

Es difícil cambiar la cultura de cualquier negocio. Dado que los líderes de las organizaciones son los que principalmente le dan forma a la cultura de sus organizaciones, es importante que entiendan los efectos de sus culturas y, si lo consideran oportuno, que emprendan acciones asociadas a la cultura, las cuales deben asegurar la buena marcha de los negocios y de las familias. Según de la Cerda y Núñez (1993), el grado de eficiencia de una organización (o un país) se determina en gran medida por su cultura de trabajo, que es distinta entre países, comunidades y organizaciones. Los valores asociados al trabajo han ascendido en la jerarquía de valores de las sociedades modernas (inclusive en los países de América Latina), aunque no han alcanzado los niveles de otros países. No obstante, en otros países estos valores han alcanzado incluso niveles problemáticos; por ejemplo, los japoneses son los líderes de la cultura de la calidad, cuestión que les ha traído grandes beneficios, pero también les ha generado problemas graves. Estos autores aseguran que los japoneses inclusive han enviado delegaciones a México y Brasil con objeto de planear campañas de promoción del ocio, ¡para moderar su cultura de trabajo!

Las empresas familiares: su crecimiento e internacionalización

En un estudio aplicado en ocho países de Europa a 1 132 pequeñas y medianas empresas, se determinó que estas organizaciones suelen adoptar estrategias conservadoras, por lo que deben verse como entidades estables, más que progresistas. Para las empresas familiares la innovación supone un gran riesgo, en el sentido de que ésta constituye un reto a lo establecido y tradicional, mientras que para las empresas no familiares la innovación se toma como algo menos riesgoso. Para las empresas familiares la internacionalización significa, por una parte, una gran oportunidad de crecimiento, pero a la vez constituye un gran reto que se asocia a la incertidumbre.

Para Gallo y Sveen (1991), las empresas familiares, principalmente las de primera y segunda generación, experimentan un proceso más lento de internacionalización que las compañías no familiares. Esto es así porque si bien no es necesario que las empresas familiares pierdan su carácter familiar para internacionalizarse, éstas deben reorientar su vocación local y su actitud. Si no lo hacen, es probable que las empresas familiares se vuelvan cada vez más resistentes al cambio, y que nunca lleguen a internacionalizarse.

Cabe hacer notar que a pesar de que el índice de internacionalización de las empresas familiares es menor que el de las no familiares, según un estudio realizado por Swinth y Vinton (1993) se determinó que las posibilidades de éxito entre empresas de diferentes países son mayores si éstas son empresas familiares. Una explicación a esto puede ser la universalidad de la familia, que puede proporcionar un puente de unión entre compañías de diferentes países.

Luz y sombra en la empresa familiar

"Nada es verdad ni mentira, todo es según el color del cristal con que se mira", reza uno de los refranes más conocidos en nuestro idioma, que ilustra la relatividad de las situaciones. Me apoyo en este dicho para ilustrar que lo que puede visualizarse como fortaleza, a la vez puede verse como debilidad, y viceversa.

En general, se suelen tener más presentes las debilidades de las empresas familiares que sus fortalezas. El morbo nos hace poner atención a los grandes fracasos y pleitos familiares, pero ponemos menos interés en escuchar los grandes éxitos que también tienen estas empresas. A pesar de esta tendencia, después del análisis que propongo quedará claro que las fortalezas de las empresas familiares son muchas y muy variadas.

A continuación expondré con detalle algunas de las debilidades más importantes de las empresas familiares:

- **El nepotismo**, término que proviene del latín "nepos", "nepotem", que quiere decir nieto, descendiente (en italiano "nipote" significa "sobrino", "nieto"). El diccionario define esta palabra como la preferencia por parientes, al otorgar cargos públicos. Ésta es considerada como la primera debilidad de las empresas familiares. Algunas empresas son dirigidas por miembros de la familia aunque carezcan de vocación, interés y capacidad. Algunos familiares están dentro de las organizaciones más por responder a una necesidad de familia que por beneficiar a la empresa. Cuando se da esta situación, los ascensos dependen esencialmente de las relaciones de sangre, y es muy difícil que las empresas de este tipo logren alcanzar el éxito.

- **El enfeudamiento**. Los responsables de diferentes áreas de una empresa pueden considerar a sus departamentos como feudos, y actuar como si fueran de su propiedad, impidiendo así la participación de cualquier colaborador (Ginebra, 1997). Esto puede ocurrir en todas las organizaciones, pero es un padecimiento frecuente en las empresas familiares.

- **La autocracia y el paternalismo** son fenómenos que se originan por llevar de manera inadecuada el sistema familiar al sistema de empresa, ejerciendo un estilo de liderazgo basado en el poder. Las empresas que padecen estos problemas no suelen contar con elementos participativos dado que el entorno es poco propicio para la colaboración; las organizaciones que sufren este problema rara vez logran la profesionalización.

- **La parálisis directiva y la resistencia al cambio**. El director general de una empresa familiar permanece en ese cargo aproximadamente cinco veces más que el de una empresa no familiar. Ciertamente esto puede generar estabilidad, pero también puede provocar un desgaste directivo.

- **La manipulación familiar**. La influencia del sistema familiar en el de la empresa puede ser negativa, y es común que se presenten situaciones de chantaje que pueden afectar el desempeño de la organización. Por ejemplo, la madre o la esposa del dueño podría desear que todos sus hijos trabajen en la empresa con los mismos sueldos y privilegios, sin tener en cuenta sus capacidades y aptitudes.

- **La contratación de profesionales poco calificados**. Muchas empresas no tienen los recursos necesarios para contratar a buenos ejecutivos, aunque también es frecuente que no lo hagan por la inseguridad que sufre quien las dirige. Puede existir temor de que los miembros de la familia se vean opacados por profesionales más capaces. Aquí saco a colación la respuesta que dio un maestro de actuaría a un alumno, que le preguntó quién era el mejor actuario del país. La respuesta fue: "Aquél que hace sonar un timbre para llamar a su oficina a los dos mejores actuarios del país."

- **La falsa seguridad**. Algunos miembros de la empresa, por ser parte de la familia, tienen la seguridad de que no serán despedidos, independientemente de su desempeño. Esto provoca que el rendimiento baje y que los procesos se demoren demasiado. Por ejemplo, un familiar no sentirá temor por no entregar un reporte el día prometido o por no lanzar un producto en una fecha determinada.

El análisis de las desventajas suele generar una perspectiva catastrofista. Sin embargo, es una guía útil que sirve como alerta para evitar consecuencias indeseables. A continuación mencionaré las principales fortalezas de las empresas familiares. Estas reflexiones nos permitirán desarrollar mecanismos para reducir las consecuencias negativas y estimular las positivas.

- **Las relaciones de afecto**. Este punto no requiere mucha explicación. Baste decir que en la medida que exista cariño en cualquier relación, existirá también mayor confianza y entrega. Es evidente que las organizaciones funcionan mejor cuando los individuos interactúan en forma afectuosa que cuando se comportan de manera hostil. Aunque en las empresas familiares se acumulen emociones destructivas, las relaciones de afecto pueden actuar en favor de la relación.

- **El compromiso** hacia la organización es una de las ventajas importantes de las empresas familiares. Por lo general el involucramiento de los miembros de las empresas familiares con sus organizaciones es mayor que en el caso de las empresas no familiares.

- **El servicio**. Muchos autores consideran que las empresas familiares tienen una verdadera vocación hacia el servicio, pero sólo hasta 1991 fue posible realizar un estudio que pudiera confirmar esta hipótesis. En él Lyman (1991) comprobó que existe una diferencia significativa en diversos aspectos relacionados con el servicio al cliente a favor de la empresa familiar.

- **La visión de largo plazo**. Una de las grandes ilusiones de los fundadores de empresas es que su sueño sea continuado por su descendencia. Esto les exige que el horizonte de planeación sea de mayor plazo, lo cual evita que los planes de largo plazo queden hipotecados a cambio de buenos resultados de corto plazo.

- **La vocación**. Las nuevas generaciones han aprendido sobre el negocio de sus padres desde la primera infancia. Siendo pequeños han oído comentarios sobre el negocio y lo han visitado. Esto permite que aprendan el oficio desde chicos y desarrollen la vocación que la organización requiere.

- **La rapidez en la toma de decisiones**. En las empresas familiares es posible tomar decisiones relevantes en pocos minutos y sin tantas formalidades. Ésta es una de las situaciones que los altos ejecutivos de empresas no familiares desearían vivir.

- **La estabilidad de los ejecutivos.** Es difícil que un ejecutivo de la familia sea removido, lo cual no ocurre en el caso de los ejecutivos ajenos a ella. Como se comentó con anterioridad, un director de una empresa familiar puede permanecer en el cargo aproximadamente cinco veces más que el director de una empresa no familiar. Dada esta situación, existe mayor continuidad en los planes de la empresa, y los empleados, proveedores y clientes experimentan un mayor nivel de certidumbre.

Capítulo 4

Las relaciones humanas en las empresas familiares

Si quieres comprender a los demás, busca dentro de tu propio corazón.
Johann Schiller

Las relaciones familiares en la empresa

La disciplina de las empresas familiares se ha enfocado principalmente en la dimensión del comportamiento organizacional, que se refiere esencialmente a las relaciones humanas.

En todo grupo social se tienen expectativas del comportamiento de los miembros que lo conforman, las cuales pueden ser más o menos flexibles. Suele juzgarse la eficacia de alguien en función de la desviación de las expectativas y de su comportamiento real. Las altas desviaciones no suelen ser fácilmente toleradas por la mayoría de las personas y, por lo general, quien se ha creado ciertas expectativas sobre otra persona, quisiera que el comportamiento del otro se aproxime a ellas (las expectativas). Aquí cabría la siguiente pregunta: ¿Qué es más sensato, cambiar nuestras expectativas o esperar que cambie el otro en función de ellas?

El tema de las expectativas en los grupos sociales tiene mucho que ver con el tema de las relaciones interpersonales. Aunque no es posible hacer generalizaciones, se observa cierto patrón de comportamiento en las relaciones entre diversos miembros de la familia dentro de la empresa, basadas en expectativas del grupo familiar.

En los países de América Latina, al igual que en otras partes del mundo, las mujeres ocupan un papel secundario en la mayoría de las organizaciones; asimismo, los puestos directivos de las empresas familiares son reservados para los hijos varones. En el caso de las parejas emprendedoras, el hombre suele ejercer el liderazgo formal en la empresa y la mujer lo apoya en diversas actividades empresariales, en muchos casos sin recibir una compensación económica.

Profundizaremos en las relaciones más comunes entre dos personas (díadas) y, posteriormente, en las relaciones de tres (triángulos). No pretendo estereotipar sino aclarar el papel que normalmente juegan los miembros de empresas familiares.

Relación padre-hijo

Debes esforzarte por ser como tus hijos, pero no
pretendas hacer que sean como tú.
Kahlil Gibran

Honrarás a tu padre y a tu madre.
Cuarto mandamiento

El estudio de las relaciones en las empresas familiares se ha centrado principalmente en la relación padre-hijo, sobre todo en los temas de sucesión y conflicto. Este enfoque se debe en gran medida a que la sucesión en estas empresas se da generalmente de padre a hijo, siendo, en la mayoría de los casos, el primogénito el elegido.

La relación padre-hijo representa la díada más común en una empresa familiar. Hay evidencias de que la relación que sostienen afecta no sólo a los individuos de su familia, sino también el desempeño de la empresa y la de su economía. La calidad de las relaciones laborales entre hijos y padres está fuertemente determinada por la etapa de la vida en que está cada uno.

En un estudio realizado por Davis y Tagiuri (1989), con participantes de pequeñas empresas en un programa de la Universidad de Harvard, se identificaron 154 hombres que tenían o habían tenido relaciones laborales con sus padres. Teniendo en cuenta a los últimos, se obtuvo un total de 222 encuestados. Los resultados concentrados se ilustran en la figura 4-1.

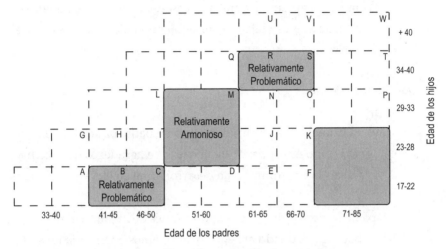

Figura 4.1 Relaciones entre padres e hijos en función de su edad.

Es posible observar en esta figura cómo el inicio y el final de la relación laboral entre padres e hijos son relativamente problemáticos, en contraste con la relación intermedia. Esto se explica considerando que al inicio tiene que darse una curva de aprendizaje sobre cómo trabajar en conjunto, lo cual genera situaciones que resultan complicadas, pero después ambos aprenden a trabajar en forma articulada. Después los conflictos sobre autonomía y control se incrementan, volviendo así a presentarse situaciones problemáticas. He aquí un ejemplo que ilustra lo que se presenta en la figura anterior. Esto se da en tres momentos:

- Conversación a los pocos meses de que Javier ingresó a la empresa:

  Javier (20 años): El peor jefe sin duda es mi jefe (mi papá). Te grita a los cuatro vientos frente a todos y unos cuantos minutos después te habla con suavidad, como si no hubiera sucedido nada, pero el daño ya está hecho. Tengo que hacer exactamente lo que me dice y no me deja espacio para desarrollar mi creatividad e iniciativa.

Papá de Javier (44 años): Mi hijo es muy disperso, no se concentra en su trabajo y busca pretextos para hacer otras cosas. Cuando lo corrijo, se ofende y no tolera la menor crítica. No sé como va a aprender a trabajar con esa actitud. A su edad yo mantenía a cuatro hijos y él ni siquiera puede hacerse cargo de sí mismo.

- Quince años después:

Javier (35 años): Me impresiona cómo mi padre pudo crear un negocio como éste a partir de la nada. Le agradezco que me haya dado la oportunidad de desarrollarme en él.

Papá de Javier (59 años): Las aportaciones de mi hijo son notables y han transformado al negocio. Formamos una pareja ideal de juventud y experiencia.

- Veinticinco años después:

Javier (44 años): Cada año mi padre asegura que se retirará. Lleva diciendo esto los últimos cinco años. Se opone sistemáticamente a cualquier cambio y no se da cuenta que le está haciendo un daño terrible a la empresa.

Papá de Javier (68 años): Mi hijo no tiene en cuenta mi experiencia. Cree que por no saber de computación no sé qué rumbo debe tomar la empresa; con su falta de sensibilidad podría arruinar el negocio. Lo peor de todo es el dolor que me provoca saber que le encantaría que me retirara.

La investigación realizada por Davis y la conversación anterior representan una tendencia, pero de ningún modo pretendo generalizar, mucho menos condicionar a nadie. Que el ejemplo sirva sólo para conocer las tendencias en las relaciones entre padres e hijos.

Gran parte de los conflictos entre padres e hijos se dan por el control, el poder y la competencia. Esto da pie a problemas en la comunicación, pues siendo la empresa familiar una fusión de dos subsistemas, es fácil que se lleven los papeles de un subsistema al otro y que se creen dificultades. Si se desempeña el papel de hijo dentro de la empresa, se afectará en forma negativa el sentido de identidad propia y se correrá el riesgo de ser opacado por la figura del padre.

Relación padre-hija

El estudio de las relaciones padre-hija se hace cada día más necesario, debido a que el número de mujeres profesionistas se ha incrementado notablemente y, por ello, también se ha incrementado el número de posibles sucesoras.

Se asume, sin fundamento, que el conocimiento generado en las relaciones padre-hijo es aplicable en su totalidad a las relaciones padre-hija. Por el contrario, se ha demostrado en diferentes estudios de género que existen diferencias en el comportamiento entre hombres y mujeres. Un estudio llevado a cabo por Pollak y Gilligan, según Dumas (1989), mostró que en áreas de habilidad verbal, habilidad matemática, habilidad espacio-visual y agresión, es posible observar diferencias significativas entre hombres y mujeres.

La natural sensibilidad de las hijas suele beneficiar tanto al padre-director (ya que tienden a cuidar de él) como a la empresa, pues así se logra articular adecuadamente aspectos emocionales con aspectos de carácter cognitivo. Las hijas suelen ocupar un lugar especial en estas organizaciones, que suelen ser flexibles con su situación personal (maternidad y matrimonio). Es común también que se les contrate de medio tiempo y que se les tolere cierto ausentismo.

A pesar de que la aportación de las mujeres puede ser notable, no siempre son bien reconocidas y valoradas. He aquí una conversación que tuvo lugar en 1991:

> **Maite:** Papá, quisiera que me comentaras si estoy haciendo bien las cosas. Necesito retroalimentación de tu parte.

> **Don Hilario (con una sonrisa cariñosa):** No te preocupes por eso Maite, tú dame nietos.

Pero quizá con el paso del tiempo las mujeres podrán ser reconocidas y valoradas como directivos de gran capacidad, como sucedió, en este caso, años después, cuando en 2003 los mismos personajes volvieron a hablar:

> **Maite:** Papá, no podemos seguir así. Necesitamos hacer algunos cambios estratégicos que quiero plantear. Quiero convocar a los directores a una reunión de trabajo para redefinir el rumbo de la compañía.

> **Don Hilario:** Me parece muy bien, Maite. Gracias por involucrarte de esa manera en la empresa

Maite ha sido una pieza fundamental para propiciar cambios benéficos en la organización de su familia. Para la buena fortuna de la organización, ella fue escuchada y tuvo la oportunidad de poner sus conceptos en práctica. Hoy recibe gran reconocimiento por parte de su padre.

En presencia de sus hermanos, las mujeres suelen pasar a un segundo plano y, aunque sean más brillantes que ellos, difícilmente llegan a convertirse en líderes de sus empresas. Muchas de ellas, por el deseo de cuidar a su padre y a la familia en general, se sacrifican incorporándose a las empresas de la familia, aunque bien podrían realizar otros trabajos más gratificantes, como en los siguientes testimonios:

> **Mercedes:** En realidad he decidido trabajar en el negocio de mi padre porque siento la obligación de hacerlo, pero a veces me parece que el precio que estoy pagando es demasiado alto. Mi padre se esfuerza por hacerme sentir bien pero su estilo de dirección no me deja espacio para desarrollarme. Estoy atrapada y no sé que hacer. Quizá debería considerar en serio cambiar de empleo.

> **Don Julián (papá de Mercedes):** No sé qué sería del negocio si Mercedes no estuviera aquí, además me resulta muy agradable trabajar con ella. Tengo la ilusión de trabajar muchos años más al lado de mi hija y que ella continúe con el negocio cuando yo ya no esté aquí.

Relación madre-hijo

Las relaciones entre madres e hijos suelen ser menos conflictivas que entre padres e hijos. Es posible que una explicación a este fenómeno sea que entre ellos se compite menos. La madre suele ceder el control de la compañía con mayor facilidad y confianza, y el hijo suele experimentar mayor libertad por no encontrar tanta resistencia en la implementación de nuevas ideas. El número de directoras de empresas familiares crece día con día, y cada vez es más común que se establezcan relaciones entre madres líderes de empresas y sus hijos, por lo que es importante conocer más sobre esta relación. Muchas mujeres se ven en la necesidad de ponerse al frente de los negocios familiares al quedar viudas y, en muchos casos, son los hijos quienes las apoyan para sacar adelante a las empresas. No hay mucha literatura sobre esta relación. En ausencia del padre esta relación podría parecerse a la que sostienen los esposos dentro de la empresa, como en el ejemplo siguiente:

> **Andrés:** Mamá, necesitamos invertir en el mantenimiento de la empresa. Es posible que tengamos que apretarnos el cinturón unos meses, pero si no lo hacemos lo pagaremos caro en el futuro.
>
> **Mamá de Andrés:** Toma las decisiones empresariales que debas tomar, pero no olvides las necesidades de nuestra familia.

Las madres encuentran en los hijos un gran apoyo, y suelen delegar en ellos la responsabilidad de la empresa, como lo ilustra el diálogo anterior. En él bastó una sutil recomendación de la madre para que el hijo tomara una decisión satisfactoria tanto para la madre como para la empresa. Esas sutilezas suelen estar presentes en relaciones armónicas entre madres e hijos dueños de empresas. Así, puede haber un clima de armonía y libertad donde ambos se sientan a gusto.

Relación madre-hija

Una de las relaciones más complejas y difíciles de entender es la relación entre madres e hijas. En las empresas familiares ésta es una relación que se ve cada vez con más frecuencia. En uno de sus escritos, Pilar Rius (inédito) manifiesta lo siguiente:

"El comportamiento de las madres y las hijas en las empresas probablemente es una extensión de la relación madre-hija en la familia.

"En la familia, las madres siempre han tratado de anular o minimizar para sus hijas los efectos de una sociedad centrada, dirigida y diseñada por y para los hombres. Y hay dos maneras:

1) Prepararlas para conseguir el mejor hombre, y lograr con ello que la dinámica de la sociedad trabaje a su favor —a favor de la hija— a través de un hombre bien elegido, con lápiz y papel, ponderando todos los pros y los contras, que trabaje para ella y sus hijos y les proporcione bienestar a un costo mínimo —siempre hay un costo—. También hay un costo previo: se tiene que preparar a la hija para atrapar al varón que convenga y olvidarse del enamoramiento; acaso éste venga después, o nunca llegue, pero eso es lo menos importante, porque están los hijos, las amigas, las comodidades...

2) La segunda manera es prepararla, no para casarse con el notario, sino para ser el notario. Los costos pueden ser tremendos, desde ir a contracorriente y ver y tratar al varón como igual, hasta transgredir el perfil de la figura femenina adorable y sumisa. A cambio del riesgo que supone toda postura contraria

a los usos y costumbres, se tiene el privilegio de poder elegir al marido por otras virtudes que no sean las de proveedor de hijos y de bienestar, y eso puede tener un gran costo. No es fácil la tarea de las madres formadoras de mujeres independientes, pues en ella no hay un éxito garantizado: ¿qué tal que los mensajes de independencia y autosuficiencia se dirijan a una aspirante a muñequita de lujo, o al revés? Porque una cosa es querer la felicidad para las hijas, para los hijos también, y otra es que los valores y las señales que envían los padres sean las que convienen a su personalidad, a sus sueños, a sus deseos, a sus talentos, a sus carencias.

3) Cabría una tercera manera de educar a hijas e hijos, pero los padres, que también vamos aprendiendo a base de echar a perder, no la sabemos encontrar a tiempo para ponerla en práctica, o tenemos miedo, si es que la intuimos, de formar inadaptados. Es la educación universal, centrada en los valores que no pasan de moda y no están sujetos a las exigencias de una sociedad perversa, como ha sido la de nuestro tiempo.

"No importa si se tiene o no carrera (caso 2), no importa si se tienen o no comodidades (caso 1), no importa si se transgreden todas las reglas, hay que hacer lo que hay que hacer y hay que ser como hay que ser, y ya. Eso, claro está, en el caso de que la madre —o el padre— tenga claro cómo hay que ser y qué hay que hacer, en cada caso, porque los hijos tienen talentos y limitaciones que se han ido generando sin saber cómo y que los hacen diferentes. ¿Hay una educación universal? Probablemente sí, pero no nos la enseñan y para cuando reflexionamos ya ni siquiera nos sirve a nosotros.

"En la empresa, la relación será como haya sido en la familia. En el primer caso, la madre tenderá a esperar que los varones, los hijos, los yernos, los primos, los empleados de fuera, hagan su trabajo y las hijas obedezcan, sin responsabilidades importantes y sin una verdadera capacidad de decisión.

"En el segundo, la madre estará decidida a que la hija tenga su sitio y su competencia en la empresa, igual al de los hermanos. Como la equidad es muy difícil, probablemente privilegie a la hija, a costa de atropellar, sin querer, los legítimos derechos de hermanos, primos, etcétera.

"En el tercer caso, si la madre ha sabido cómo hacer para que los hijos sean seres humanos de excepción y lo ha logrado, se quedará esperando que ellos decidan lo mejor para la empresa y para cada miembro de la familia, con la confianza de que no es necesaria su intervención y con absoluto respeto por la postura de cada uno de sus hijos, sin privilegiar ni subordinar a la hija, ni a ningún otro miembro de la familia, en esa serena seguridad que se debe tener —no sé si hay alguien que la tenga— cuando se abandona el control y se queda uno con la certidumbre de que cada uno sabe lo que tiene que hacer y lo hace."

Una de las frases de Pilar Rius que ilustra la compleja relación entre madres e hijas es la siguiente: *Madre sólo hay una... ¡gracias a Dios!*

Relación entre hermanos(as)

El activo más valioso de un hermano es otro hermano.
Mi hermano Javier

Desde la perspectiva genética y cultural, los hermanos son las personas que más se parecen a nosotros. Los hermanos se suelen acompañar desde el nacimiento hasta la muerte. A pesar de que las relaciones entre esposos pueden ser más intensas, suelen ser de menor duración que las fraternales. El cónyuge puede dejar de serlo, pero un hermano lo será por siempre.

Los hermanos crecen bajo una misma educación y valores, lo que hace que tengan una perspectiva similar de la vida, aunque no por ello dejan de experimentar conflictos importantes que muchas veces terminan en un distanciamiento definitivo. Los hermanos llegan a competir por muchas cosas, comenzando por el cariño de los padres. En el caso de las empresas familiares la competencia se da por el control de los bienes y por ocupar cargos que supongan mayor jerarquía y poder. Así como el amor fraterno puede ser sublime, el odio fraterno es de los más destructivos. Todos conocemos el pasaje bíblico de Caín y Abel, que ilustra una relación desafortunada entre hermanos, una situación que lamentablemente se presenta con mucha frecuencia en nuestros días. Cuando los hermanos logran mantener una buena comunicación y confianza, forman equipos eficaces que suelen perdurar toda la vida. A menudo se requiere que haya fuerzas ajenas a su relación para que se separen, como puede ser la influencia de los cónyuges o la participación de sus hijos en la empresa. La relación entre hermanos de sexo diferente tiene una característica especial. En estos casos, suele existir cierta preponderancia del hombre sobre la mujer, lo cual es cada vez menos aceptado por ellas, ya que las mujeres desean tener mayor participación en las cuestiones empresariales. En contraste, también hay casos de hermanos que gracias al apoyo y consideración mutuos han logrado escribir un final feliz en sus relaciones. Leyendas, historias y hechos reales lo demuestran.

Uno de los ejemplos más notables de colaboración fraternal es el de los hermanos Wilbur y Orville Wright, creadores del primer avión autopropulsado. Hay quienes atribuyen su éxito a la perseverancia. Realizaron más de 1 000 vuelos de prueba en planeadores antes de concluir con éxito su hazaña. Este logro resulta más sorprendente después de conocer la frase que les repetía Milton Wright, su padre: *El hombre no podrá volar nunca, ya que el vuelo está reservado para los ángeles.* No se puede explicar ese acontecimiento sin la presencia de una relación armoniosa y sinérgica entre ambos hermanos.

Relación suegro-yerno (parientes políticos)

La relación entre parientes políticos puede llegar a ser complicada, aunque también puede rendir frutos importantes. La relación más común entre parientes políticos es la de suegro-yerno, donde el primero es quien da empleo al segundo. A pesar de que el yerno puede haber sido contratado por su capacidad y profesionalismo, ante los ojos de la sociedad es considerado, la mayoría de las veces, como un oportunista que se aprovecha de la situación familiar para ocupar un cargo de importancia. A pesar de la mala reputación de los yernos, en muchas ocasiones ellos logran sacar adelante a las empresas y pueden ser para sus suegros la única opción de continuidad en el negocio.

Para el yerno no resulta claro el papel que como familiar desempeña dentro de la empresa y no sabe hasta qué grado es de la familia. Sabe que su estancia en ella no sólo está en función de sus resultados, sino que también depende de la relación que mantenga con su esposa, que es la hija de su jefe. Un yerno también sabe que difícilmente podrá ser el líder de la organización, por más capacidad que tenga, si sus cuñados también trabajan en ella.

En teoría, la hija puede verse beneficiada por la contratación de su esposo en la empresa de la familia, pero a menudo se encuentra entre dos frentes. Por un lado, oye las críticas de su esposo sobre su padre y, por otro, las quejas de su padre sobre el desempeño de su esposo. Esta situación crea tensiones que pueden hacer que sea más conveniente salir de la organización.

Las nueras tampoco gozan de buena reputación y se les identifica como las causantes de los conflictos en las empresas familiares. Ellas rara vez son contratadas en las empresas familiares, pero ejercen una influencia decisiva sobre sus maridos, sin importar que a veces tengan una percepción errónea del negocio.

> **Alicia (nuera):** ¿Por qué tu hermano ya cambió de coche y tú que trabajas más y mejor que él no lo has hecho... Deberías de tomarte más vacaciones, eres el único que no las ha tomado de toda la familia... Debes ganar más porque trabajas mucho más que tus hermanos.

Esa mala reputación de las nueras tiene como base la etimología popular (la palabra "nuera" viene de "*nu era* para mi hijo").

Relación tío-sobrino

Las empresas de tercera generación, donde interactúan primos y tíos, suelen ser más complicadas y conflictivas que las operadas por hermanos. Lo que entre hermanos puede tener una solución fácil, entre primos puede resultar extraordinariamente complicado. Existen muchos ejemplos de organizaciones que, aunque han marchado adecuadamente por mucho tiempo, cuando se incorporan miembros con una relación consanguínea indirecta (primos), enfrentan conflictos importantes.

Se dice que las familias crecen más rápido que las empresas. La empresa crece aritméticamente (en el mejor de los casos), mientras que la familia crece exponencialmente (geométricamente). Esta situación provoca que no todos los miembros de la generación menor puedan incorporarse y ocupar puestos de jerarquía; esto, como es de esperarse, da pie a pugnas de poder. En ocasiones, aunque los hermanos han logrado trabajar armónicamente durante años, cuando incorporan a sus hijos a las empresas llegan a distanciarse.

En esos casos, es muy posible imaginar un diálogo como éste:

> **Alfredo:** Tío, no es justo que recibamos este sueldo tan bajo, tomando en cuenta la gran responsabilidad que tenemos. No podemos vivir el día de hoy de la simple promesa de que cuando ustedes se retiren la empresa será nuestra.
>
> **Tío de Alfredo:** Aún son jóvenes y tienen mucho que aprender; cuando dominen el negocio, tu padre y yo nos retiraremos y les cederemos la estafeta. Por lo pronto tienen que hacer méritos...

Relación esposo-esposa

La mayoría de las parejas que deciden casarse, lo hacen después de haberlo pensado concienzudamente. Deciden comprometerse después de ver que es muy posible que lleven una vida feliz juntos. No obstante, si deciden trabajar juntos, no lo hacen después de un análisis profundo: se embarcan en una aventura poniendo en riesgo su matrimonio y su familia, y muchas veces pierden lo más por lo menos. Existen parejas que comparten intereses comunes en cuanto a su familia y su empresa, lo que propicia que convivan prácticamente todo el día, y son varios los ejemplos de parejas célebres que han trabajando en conjunto en diversas actividades porque tenían objetivos comunes, como Pierre y Marie Curie, los Reyes Católicos, Simonne de Beauvoir y Jean Paul Sartre, y en cierto sentido, Frida Kahlo y Diego Rivera.

Hay dos tipos diferentes de asociaciones entre esposos en las empresas familiares.

a) Líder empresarial con un cónyuge de apoyo:
Uno de los cónyuges posee y administra el negocio, mientras que el otro lo apoya ocasionalmente, de medio tiempo, o incluso sólo le brinda un apoyo psicológico (moral). El cónyuge de apoyo puede incluso trabajar fuera del negocio de la familia.

b) Socios empresariales:
Ambos trabajan intensamente en la empresa, son socios y administran en conjunto el negocio. El hecho de que uno de ellos sea director general y el otro ocupe una posición de menor jerarquía no implica que dejen de pertenecer a esta categoría.

La mujer suele ocupar un cargo secundario y prefiere que su compañero se muestre ante los clientes, proveedores y empleados. Esa posición puede llevarla hasta el extremo de pasar casi desapercibida, a pesar de su intenso trabajo.

Nuestra cultura latinoamericana suele reconocer a los hombres como líderes empresariales y, a pesar de que pueda existir un liderazgo empresarial compartido en un matrimonio, la mujer será menos tomada en cuenta. De hecho se ha escrito sobre el *síndrome de invisibilidad* que experimentan varias mujeres, pues no se sienten tomadas en cuenta en las relaciones de trabajo. En este sentido las esposas resienten que otros prefieran tratar cuestiones de trabajo con su marido que con ellas.

Para los hombres latinoamericanos no es fácil aceptar dentro de una empresa un liderazgo compartido con su mujer, y para muchas mujeres esta situación también es difícil, de modo que prefieren ocupar un papel secundario. A pesar de esto, hay un sinnúmero de decisiones en las que ellas están detrás, como en el siguiente ejemplo:

María: Antonio, ¿qué te parece si implementamos esa brillante idea que se te ocurrió hace unos meses y modificamos la línea de producción para hacerla más eficiente?

En apariencia, María pasa a un segundo plano y le da el mérito a su marido, aunque al final se hace lo que a su juicio debe hacerse.

El hecho de que un matrimonio trabaje en conjunto puede unir a los cónyuges y, a la vez, permitir que compartan más experiencias, pero también puede ser destructivo. En prácticamente todas las culturas el índice de divorcios va en aumento; en Estados Unidos seis de cada 10 matrimonios se disuelven, y esta situación puede ser importante para tener en cuenta al decidir crear un negocio con el cónyuge.

Muchas mujeres se quejan de no tolerar la presencia de su marido las 24 horas del día, sobre todo si juegan un papel secundario en la empresa.

> **Eugenia:** Estoy a sus órdenes las 24 horas del día, en la empresa, apoyándolo de muchas maneras, comunicándolo con los clientes, escribiéndole cartas, etcétera. Cuando llegamos a casa, después de un día de trabajo, él descansa mientras yo lo sigo atendiendo. Al día siguiente hay que preparar el desayuno y vuelvo a empezar. No recibo sueldo y, además, atiendo a mis hijos y me encargo de la casa.

Para los hombres también puede resultar pesada la prolongada convivencia con su cónyuge:

> **Juan:** Estoy cansado de estar con ella tanto tiempo. Hay días completos que no me separo de ella a más de 10 metros de distancia. Creo que tanto contacto me está afectando y a ella también. El amor se nos está acabando. Lo irónico es que pasar tanto tiempo juntos nos ha separado aún más.

Las parejas pueden tener un gran deseo de compartir no sólo su vida familiar sino también la profesional, y encuentran la manera de involucrarse en la misma organización. Por otro lado, pueden sentir la necesidad de hacerlo por sacar adelante a su familia. En cualquiera de estas dos situaciones parece que el éxito de una relación de trabajo armónica radica en el buen balance entre la unión de pareja y la autonomía. Es decir, deben estar lo suficientemente unidos para caminar por el mismo camino y lo suficientemente separados para no tropezarse con la otra persona.

Algunas de las causas más frecuentes de tensión en matrimonios que trabajan juntos son las siguientes:

Cuadro 4.1 Causas de tensión en matrimonios en la empresa familiar.

Causas	Preguntas
Asignación de responsabilidades	• ¿Quién es el jefe? • ¿Qué funciones debemos desempeñar? • ¿Qué horario debemos cubrir?
Supervisión	• ¿Ordeno o solicito? • ¿Acato las órdenes o me revelo? • ¿Le llamo la atención o sólo le hago comentarios? • ¿Me ofendo o acepto la crítica?
Decisiones y control	• ¿A quién le corresponde tomar tales o cuales decisiones? • ¿Quién debe ser jefe y mantener el control? • ¿Quiénes deben ser propietarios? • ¿Qué metas debemos lograr? • ¿Qué estrategias debemos seguir?
Remuneraciones	• ¿Qué sueldo y prestaciones debo recibir? ¿Qué participación accionaria debo tener? • ¿Qué tipo de reconocimiento deseo?
Causas asociadas al sistema familiar (afectan al sistema de empresa)	• ¿Vivimos felices como pareja? • ¿Cumplimos mutuamente con nuestras expectativas familiares? • ¿Llevamos conflictos familiares a la empresa?

La relación matrimonial debe ser diferente que la empresarial y no es fácil separar el papel de cónyuge y el de colaborador en la empresa.

Relación de tres: Triángulos de Bowen

De acuerdo con la teoría de Bowen, cuando un sistema de dos personas no soporta gran tensión, es inestable. Un triángulo (una relación entre tres personas) es el sistema de relaciones más pequeño de carácter estable, y puede tolerar mucho más tensión porque implica tres relaciones (vea la Figura 4.2). Si la tensión es demasiado grande para contenerse en un triángulo, ésta se difunde a otros sistemas (que pueden a su vez ser representados por otros triángulos).

Una persona de las tres que conforman el triángulo, denominada *externa*, suele sentir insatisfacción en esta relación, de modo que buscará la manera de cambiar el sistema para ocupar una posición más cómoda. Las dos personas restantes, las internas, tienden a solidificar su vínculo, pues se prefieren mutuamente por sobre la persona en discordia. La persona externa podrá dejar de serlo si se acerca a una de las personas internas, cuando éstas sufran un distanciamiento. El *nuevo* inconforme intentará dejar de ocupar esa posición buscando alianzas con cualquiera de las otras dos.

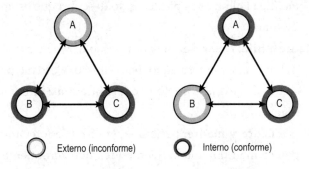

Figura 4.2 Triángulos de Bowen: cambio de externo (inconforme).

En las empresas familiares suelen encontrarse una gran variedad de triángulos y éstos suelen mantener un equilibrio dinámico; en ellos la posición de externo se rota continuamente.

Paradójicamente, para que algunos sistemas funcionen se requiere el sacrificio de uno de sus miembros (la persona externa), que juega el papel de chivo expiatorio. Es posible que para que dos personas puedan llevar una relación más o menos estable requieran de un tercero (externo), que termina convirtiéndose en una víctima del sistema. Con relación a este punto, sugiero que usted reflexione sobre este delicado punto y se cuestione si es preciso que para que dos personas lleven una relación estable y armónica dentro de la empresa, se invite a algún inocente a formar parte del triángulo, pues posiblemente a éste le toque la peor parte.

Los triángulos contribuyen significativamente en el desarrollo de patologías que pueden incluso provocar depresiones y enfermedades físicas, además evitan la solución de los conflictos entre dos personas (internos).

Así como en geometría es posible observar que la distancia más corta entre dos puntos es la línea recta, en el campo de las relaciones humanas la comunicación más precisa y constructiva es la que se sostiene, sin ninguna triangulación, entre dos personas.

A continuación se presenta una situación en la que se forma un triángulo:

> **Padre a madre:** Tu hijo es un irresponsable. No llega temprano al trabajo y es el primero que se retira. Ayer me dio gusto ver cómo estaba concentrado al frente de su computadora, pero se me fue el alma a los pies cuando descubrí que estaba jugando "solitario".
>
> **Madre a hijo:** Debes ser más responsable. Me he enterado que el trabajo no te interesa en lo más mínimo, y eso me preocupa. Si sigues con esa actitud, tu padre contratará a otro que ocupe tu lugar.
>
> **Hijo a padre y madre:** ¡Déjenme en paz! ¡Todo cuanto hago les parece mal! ¡Es una excelente idea que contraten a otro para sustituirme!

En este caso la madre estuvo dispuesta a formar parte del triángulo y a establecer una alianza en contra de su hijo, propuesta inconsciente o conscientemente por el padre. La madre podría haber evitado formar el triángulo si hubiera decidido no participar en el problema y le hubiera respondido a su marido lo siguiente:

> **Madre a padre:** Ya sabes cómo son los chicos. Tenle paciencia y habla con él (evita participar en el conflicto entre ellos).

Es un acto natural formar alianzas para convencer a otros sobre nuestros puntos de vista, pero muchas veces esas alianzas pueden ser destructivas. En la segunda situación, aunque el padre pretendía establecer una alianza con su esposa en contra de su hijo, ella, con gran inteligencia y sensibilidad, se libró de un triángulo perverso, obligando a su esposo y a su hijo a encontrar una solución a sus problemas.

El orden de nacimiento

Es bien sabido que el orden de nacimiento tiene impacto sobre la personalidad. Varios estudios reportan que los hijos mayores tienden a ser más responsables y conservadores que los menores, además de identificarse más con la generación de sus padres. Asimismo, su autoconcepto positivo es mayor que el de sus hermanos menores. Bajo esta perspectiva, el fenómeno ancestral del mayorazgo (esto es, cuando existe preponderancia hacia el primogénito), podría tener sentido y utilidad práctica. Para Ellen Frankenberg (1999), el orden de nacimiento puede ser aún más determinante que el género en la adopción del estilo de liderazgo en la empresa. A continuación se presentan una serie de ideas sobre las características de los hijos en función de su orden de nacimiento, siguiendo lo que dice Bradshaw (2000).

El hermano mayor

Por lo general, el primogénito recibe el mayor peso de las expectativas conscientes de la familia y tiende a identificarse con el padre. Los patrones de comportamiento de los primogénitos tienden a ser los siguientes:

a) Están orientados hacia los demás y tienen conciencia social.
b) Les gustan los detalles y tienden a seguir las normas preestablecidas más que sus criterios personales.
c) Por las expectativas y presión de los padres, suelen tener problemas para desarrollar una buena autoestima.

Este último punto contrasta con el resultado de algunas investigaciones que ubican a los primogénitos como personas de autoconcepto positivo.

El segundo hijo

Los segundos hijos casi siempre se identifican con la madre y responden a las reglas inconscientes de la familia. Sus patrones de comportamiento son los siguientes:

a) Expresan las expectativas inconscientes de la familia.
b) Manifiestan los deseos inconscientes de la madre.
c) Son intuitivos y perciben fácilmente los problemas de la familia.

El tercer hijo

El tercer hijo se identifica con sus padres como pareja, y es reflejo de lo que ocurre en el matrimonio. Dado que cuando aparece en la familia es el único que no forma pareja, le cuesta trabajo establecer su identidad; sus patrones de comportamiento son los siguientes:

a) Las relaciones son su principal preocupación.
b) Parecen no estar involucrados en la familia, pero lo están profundamente.
c) Tienen problemas para tomar decisiones al experimentar ambivalencias.

El cuarto hijo

En él recaen las tensiones no resueltas de la familia. Ellos tienden a:

a) Sentirse responsables de los problemas de la familia.
b) Comportarse de manera agradable para distraer con su actitud el dolor, y cuidan de la familia.
c) Parecen infantiles y consentidos, aunque pueden comportarse de manera destructiva o como chivos expiatorios, con la finalidad de cuidar a la familia.

El síndrome del hermano menor

Nadie puede hacerte sentir inferior sin tu consentimiento.
Eleanor Roosevelt

Muchos negocios familiares presentan problemas con el hijo menor, los cuales se conocen como el "síndrome del hermano menor" *(kid brother syndrome)*, descrito por Kenneth Kaye (1992).

Este síndrome no necesariamente lo presenta el hermano menor, aunque se da con más frecuencia en el caso de los hermanos de menor edad; las hermanas también pueden experimentarlo. El *kid brother* puede ser cualquier miembro en la familia que tenga al menos un hermano. Normalmente se presenta en el caso de los hermanos de menor edad, que incluso fueron criados con sistemas de valores diferentes. En ellos el sentimiento de defensa es notable, tanto como su habilidad para inventar excusas. Esto hace que la familia se exaspere, aunque en la mayoría de los casos sienta la obligación de apoyarlo en su desarrollo, a pesar de su desempeño inadecuado.

El hermano menor llega a terminar atrapado en el negocio de la familia y cada día que pasa sus posibilidades de desarrollo se van reduciendo. Este síndrome puede controlarse aclarando las funciones y expectativas laborales, además ofreciendo a estas personas una opción de liquidez, entre las que se halla la posibilidad de vender sus acciones. Una de las causas de este síndrome son las pobres expectativas que los miembros de la familia se han formado respecto de esa persona, quien finalmente acaba por hacerlas realidad.

Las mujeres en las empresas familiares

En el momento de escribir este libro pensaba dedicar un capítulo completo a las mujeres en las empresas familiares. Decidí no hacerlo porque me pareció que era muy poco dedicar un solo capítulo a este tema, y que mejor sería dedicar un libro completo a este respecto, por lo que cada capítulo está escrito para mujeres también. No obstante, quiero dedicar unas líneas para aclarar aspectos fundamentales sobre la participación de las mujeres en las empresas familiares.

En las empresas familiares, la mujer juega un papel trascendente, aunque por lo general menos visible que el del hombre. En un estudio realizado por la revista *Executive Female*, se estimó que 18 por ciento de los negocios familiares son dirigidos por mujeres, 36 por ciento de los dueños de empresas dan empleo a sus esposas, 19 por ciento de los dueños emplean a alguna de sus hijas y 10 por ciento a alguna hermana. Cada día más hijas de familia ocupan puestos directivos en las organizaciones de la familia, y es de esperarse que esta tendencia continúe.

Hay mujeres con distintos perfiles que se incorporan a las empresas, desde altas ejecutivas hasta viudas inexpertas que, por necesidad, toman las riendas del negocio y lo sacan adelante, como es el caso de María Elena Serur, quien relata su historia con ironía:

> Cuando murió Manolo yo no sabía hacer nada. Siempre me encargué de mis hijos y de mi casa, y compartía mis ratos libres con mis amigas. De la noche a la mañana me encontré al frente de un negocio que no conocía en lo más mínimo, el cual debía administrar para sacar adelante a mi familia. Pude haberle pasado el problema a alguno de mis hijos, pero consideré justo dejarlos desempeñarse en sus propias actividades y no sacrificarse por una empresa que no estaba pasando precisamente por el mejor momento...

Al día siguiente del fallecimiento de su marido se presentó en la fábrica y reunió a los trabajadores que empleaba y les dijo lo siguiente:

> Como saben, Manolo murió. No por ello la empresa va a desaparecer y mucho menos ustedes perderán sus trabajos. Yo no sé nada de este negocio, pero les aseguro que aprenderé muy rápido con la ayuda de todos ustedes.

María Elena no tenía la menor idea de cómo se fabricaba una liga, y sabía menos de proveedores, productos, mercados y administración. Pero estaba resuelta a salir adelante. Hoy, a diez años de haber tomado las riendas de la empresa, ha logrado consolidarla en un entorno mucho más complejo que cuando la tomó. La empresa ha sobrevivido al cambio repentino de dirección, a las crisis económicas y todo parece indicar que seguirá teniendo éxito en el futuro. Aunque en principio a sus hijos les parecía una locura que su madre se encargara de todo, la apoyaron y respetaron su decisión de continuar el negocio de su marido. Industrias León tiene a una directora brillante y profundamente satisfecha con su trabajo.

Me uno a las recomendaciones de Dumas (1989), quien sugiere hacer visible el potencial que tienen las hijas dentro de la empresa familiar. Las hijas deben percibirse como opciones viables para ocupar puestos de gran importancia y como sucesoras. Su reconocimiento debe ser oficial, así como la definición de sus responsabilidades, dándoles un título específico e incluyéndolas en el organigrama.

Los hijos y las hijas pueden requerir diferentes estrategias para solucionar conflictos. La relación padre-hijo no sólo suele ser más conflictiva que la de padre-hija, sino que también es de naturaleza diferente. Una de las recomendaciones más comunes que se hacen para evitar los conflictos y reducir la ambigüedad en los papeles en las empresas familiares, es separar los papeles que se juegan en el entorno familiar de los que se juegan dentro de la empresa. Esta recomendación parece buena para la relación que establecen los padres con sus hijos, aunque, según Dumas (1989), esto no es tan conveniente para las relaciones entre padres e hijas, dado que ellas tienden a ser más *afiliativas* que los hijos. Es claro que se requiere más investigación sobre la solución de conflictos en las empresas familiares para que sean efectivas en lo que toca a ambos géneros.

Pilar Rius describe con elocuencia la situación que viven las mujeres en la familia patriarcal, que es el caso de un sinnúmero de familias en América Latina. A continuación expongo fragmentos de su texto inédito *El trabajo de las mujeres y la relación de la pareja en la sociedad patriarcal*:

"Cuando el trabajo de la mujer se desarrolla en un negocio familiar, éste puede inducir fuertes cambios en las relaciones de la pareja. No es raro que en estos casos la mujer termine llevando el peso de las decisiones y de los compromisos.

"Si el marido opta por aceptar las capacidades de su mujer, llegando incluso a respetarla por ello y a apoyarla en otros menesteres, las cosas pueden funcionar. Las mujeres educadas al estilo de los años de 1930, probablemente le restarán importancia a su talento y darán al marido más bazas de las que en realidad se ha ganado. El equilibrio puede romperse (y de hecho casi siempre se rompe) en cuanto el marido se siente como un 'mandilón' por tener que ayudar a su esposa en la casa o cuando la mujer desea administrar las ganancias que ella misma ha obtenido.

"Desde luego, en estos casos el sistema patriarcal se tambalea, y si el marido tiene demasiado arraigado ese esquema, tarde o temprano se provocará una ruptura en el matrimonio, porque además la mujer ya no sentirá temor a vivir en forma independiente. En el otro extremo se encuentran las mujeres que trabajan bajo la supervisión y tutela del marido, porque esta situación es, en esencia, igual a la de las mujeres que hornean pasteles o venden cacharros.

"Quiero señalar que el tema me obliga a hacer un análisis de los cambios en la situación conyugal cuando la mujer cuenta con ingresos propios, pero también debo dejar bien claro que una pareja que se ama y respeta, aun cuando tenga una estructura patriarcal, está en capacidad de resolver las discrepancias que surjan como consecuencia del trabajo de la esposa. Lo difícil es lograr una definición cabal (al menos operativa) de "respeto", pues ése es uno de los puntos más vulnerables de la estructura patriarcal, pues, al parecer, cuando un marido respeta a su mujer disminuye también su autoestima. No obstante, hay parejas que lo logran, acaso porque desde un principio no eran totalmente patriarcales.

"De cualquier manera, lo que pretendo analizar aquí es si el trabajo de la mujer es fuente de estabilidad o de tensiones en la pareja, y cuáles serán las condiciones determinantes en uno y otro caso.

"Me gustaría señalar que el desarrollo de las mujeres en campos diferentes del doméstico resulta muy conveniente desde cualquier punto de vista. El crecimiento y la integración cabal de los seres humanos a su tiempo y a su medio social siempre es lo deseable. A veces esto genera conflictos, como ocurre en el caso que nos ocupa. Dichos conflictos pueden suscitarse con la pareja o los hijos, y esto ocurre porque la estructura familiar tradicional ha asignado a la esposa un papel que sólo le permite desarrollarse en las labores domésticas, ignorando todas sus demás capacidades.

"Ahora bien, esas capacidades no sólo son necesarias para su superación personal, sino también para la educación de los hijos y para conseguir la armonía familiar, e incluso para el desarrollo humano y el verdadero progreso de los países. Quizá cuando nacen los hijos y durante los primeros años de éstos la madre escoja atender a su familia como prioridad absoluta, pero eso llenará unos cuantos años de su vida; una mujer debe tener la posibilidad de dedicarse a otras actividades antes y después de criar a sus hijos si tiene la vocación o el deseo de hacerlo. En el peor de los casos esto le servirá para protegerse de la dependencia económica absoluta que, en caso de separación, la puede obligar a padecer situaciones intolerables con tal de no morir de hambre. En el mejor de los casos, la mujer debe dedicarse a otras actividades si quiere hacer del lugar donde vive un mundo más justo y más amable para la convivencia, con mejores oportunidades para todos.

"Para que todas las mujeres tengan en sus manos ese tipo de decisiones falta aún mucho camino por andar; además, tendrán que cambiar, y por mucho, tanto los hombres como las propias mujeres. Ambos tendrán que ser muy lúcidos y muy sagaces a la hora de educar a sus hijos. Las madres y los padres de familia, así como las escuelas y los educadores, fungirán un papel preponderante para lograrlo.

"Tendrá que haber cambios en los valores humanos, en la filosofía y en las religiones, por no mencionar las leyes y las instituciones. Pero los hombres y las mujeres son capaces de llevar a cabo esa obra gigantesca con tal de que cada uno vea en el otro a su mejor opción para completarse y lograr la felicidad, en tanto busquen juntos el crecimiento y la armonía. Sólo el tiempo dirá si lo lograrán o no."

El líder empresarial (fundador)

Por lo general, el fundador de la empresa es el líder en ella y también, en la mayoría de los casos, el padre de familia. Él es quien dice la última palabra en la empresa y es el principal responsable de lo que ocurre en ella. Si a alguien hay que reconocer por la buena marcha de la empresa, o a alguien hay que responsabilizar por el descalabro de ésta, es a él. Como emprendedor, el fundador tuvo el talento de identificar una oportunidad de negocios y ponerla en práctica con éxito. De acuerdo con Mc Cleland los emprendedores tienen una alta necesidad de logros, y están en una búsqueda constante de oportunidades de negocios. Los emprendedores asumen riesgos calculados (moderados) y encuentran una gran motivación y justificación de su existencia en el trabajo que desempeñan. No obstante, también se les critica por descuidar a la familia, sobre todo en los periodos en que la empresa demanda su presencia con más fuerza. Pero los líderes empresariales son, ante todo, triunfadores que han sacado adelante a sus familias y que, las más de las veces, han creado un patrimonio e incluso fuentes de trabajo para los miembros de éstas. A pesar de saber lo mucho que han hecho por sus seres queridos, es frecuente que se sientan ansiosos al tratar de balancear las exigencias de la familia y de la empresa.

Figura 4.3 Balance de las exigencias entre empresa y familia.

Un líder empresarial recibe demandas tanto por parte de la empresa como por parte de la familia como se muestra en el siguiente diálogo entre ambas partes:

- **Empresa:** Es necesario comprar una nueva máquina para aumentar la producción, incrementar los salarios, invertir en el mantenimiento, pagar los impuestos, etcétera.

- **Familia:** Es necesario pagar las colegiaturas, remodelar la casa, comprar un coche nuevo, pagar la boda de la hija mayor, etcétera.

Los ajenos a la familia (externos)

Los miembros de empresas familiares más numerosos son los trabajadores ajenos a la familia, por lo que resulta irónico que en la literatura sobre empresas familiares se reste atención o incluso se les pase por alto.

Las empresas familiares que han logrado un alto grado de profesionalización saben y han sabido incluir a ejecutivos brillantes ajenos a la familia en los puestos clave. No obstante, los puestos directivos de la compañía suelen estar reservados para los miembros de familia propietaria, entre otras razones, para mantener el control, por la dificultad que representa interesar a profesionales a incorporarse a una empresa familiar, por no poder pagar los salarios que éstos demandan y, en algunos casos, por no querer tener en el grupo de trabajo a alguien con mayor conocimiento que el propietario, que ponga en duda todos los planes de éste. Los externos suelen incorporar nuevos paradigmas sobre la forma de conducir las organizaciones, tienen buenas ideas y, la mayoría de las veces, hacen evidentes los vicios que se crean en este tipo de organizaciones.

Una organización familiar profesional de gran tamaño posee una dinámica diferente a la de una pequeña empresa familiar en desarrollo, y para los externos resulta completamente diferente laborar en estas dos clases de organización. Si trabajan en una empresa familiar profesional pueden incluso escalar hasta la dirección general u ocupar puestos en el consejo de administración, mientras que en la otra difícilmente lograrán ocupar una posición directiva, pues éstas se reservan a los miembros de la familia.

Para los externos puede ser muy frustrante trabajar en organizaciones familiares en desarrollo, pero también puede resultar muy motivador como es posible observar en los siguientes dos puntos.

a) Desventajas de ser ajeno a la familia

Los externos trabajan en favor de su compañía y tratan de hacerla crecer en diversos aspectos, como en ventas, participación de mercado, empleados y utilidades, en espera de que la compañía incremente su valor. Evidentemente también les interesa mejorar sus condiciones de trabajo y desarrollarse profesionalmente. Los propietarios comparten estos deseos con los externos e inclusive están más interesados de que esto ocurra. En este sentido, externos y familia están en la misma línea de intereses. La situación se complica cuando está en juego el sistema de familia. Los externos desconocen la profundidad de lo que ocurre en el sistema familiar de la compañía. Es común que las demandas del sistema familiar se contrapongan a los intereses de la compañía y, por lo mismo, a los intereses de los externos. En muchas ocasiones estas personas no entienden las razones por las que se toman decisiones empresariales que dañan a su empresa. Los externos comprometidos ven con dolor cómo sus propietarios trabajan en contra de sus organizaciones, por favorecer los intereses familiares. A continuación menciono algunos ejemplos en los que un externo puede sentir gran frustración por su trabajo en una empresa familiar:

- Cuando ven que se sacan los recursos de la compañía en vez de reinvertirlos.
- Cuando se enteran de la contratación de familiares ineficaces.
- Cuando se crean puestos sin sentido para familiares.
- Si siempre se toleran las ineficacias y los errores de los familiares.
- Si saben que se sobrecompensa el trabajo de familiares.
- Cuando descubren que se limita el crecimiento de quienes no forman parte de la familia.
- Si notan que la organización se resiste al cambio.
- Cuando se percatan de que la organización ha perdido el espíritu emprendedor que le dio origen.

b) Ventajas de ser ajeno a la familia

Los externos suelen tener contacto directo con la familia propietaria y reciben un trato especial. En cierto sentido son algo más que simples empleados. Los propietarios llegan a tener consideraciones especiales con ellos, basadas en la confianza y en la flexibilidad. Además, su trabajo puede ser más estable que en otras compañías, dado que existe menos rotación de personal que en empresas no familiares. Por lo anterior, los externos pueden encontrar en las empresas familiares un buen lugar dónde desarrollarse.

Sin embargo, uno de los grandes peligros que viven los externos en muchas de estas organizaciones, es que deben trabajar con un alto nivel de exigencia, pues de no ser así pueden anquilosarse y evitar aprender, dejando de ser atractivos para otras organizaciones. Por lo general, esto sucede en empresas paternalistas, en las que se premia la lealtad, no la eficacia. A los externos les recomiendo que, aun si la empresa no les exige un máximo de capacidad, encuentren por sí mismos la forma de desarrollarla. Muchos empleados encuentran en las empresas familiares un lugar confortable para trabajar, con un sueldo adecuado y sin grandes exigencias, pero a la vuelta de los años esto termina por afectarlos de manera irreversible.

Caso Banco Santander: Emilio II y Ana Botín

La relación padre-hija en el ambiente laboral, que ha sido estudiada en este texto, ilustra una de las asociaciones más interesantes y sinergéticas que se puedan presentar en las empresas, siempre y cuando el padre tome en cuenta a su hija como una persona profesional, y la hija quiera y tenga la capacidad de jugar ese papel. "No te cases con un notario hija, sé tú el notario", es una frase que sirve de catapulta e ilustra las altas expectativas hacia las hijas.

Ana Patricia Botín y Emilio II Botín, son ejemplo de una relación laboral entre padre e hija muy interesante. Ana laboró durante siete años en J.P. Morgan, en donde obtuvo la experiencia que ha podido capitalizar en el banco de su familia. Hoy día es presidenta de Banesto, una empresa que, para muchos, es la pieza clave del Banco Santander. Es una mujer con una gran capacidad de trabajo, buen humor y capaz de encontrar alegrías en diversos aspectos de la vida. Está casada y tiene tres hijos, le gusta el golf y lo practica con su padre y otros familiares, entre los que se hallan su cuñado Severiano Ballesteros, golfista profesional a nivel mundial.

Al término de un evento en la Universidad de Harvard sobre diversos temas relacionados con América Latina, tuve la oportunidad de entrevistarme con ella. Es una mujer natural y simpática que proyecta mucha energía, además es muy atractiva.

Ana se fue a vivir a Estados Unidos desde los 19 años. En este país estudió en una Universidad de Pensilvania y, posteriormente, realizó estudios de posgrado en la Universidad de Harvard. Inició su actividad profesional en JP Morgan y, en 1989, comenzó a dirigir el Banco Santander. Emilio Botín, que dos años antes había ocupado la presidencia del banco, tras el fallecimiento de su padre, quien poseyó el mismo nombre, consideró que Ana ya estaba lo suficientemente madura para entrar al banco que él presidía y al poco tiempo Ana se ganó el respeto y la admiración de sus colaboradores.

En 1999, el Banco Santander se fusionó con el BCH (Banco Central Hispano) y según la opinión pública, Ana fue sacrificada por su padre, al considerar que la nueva organización no debía responder a la dinámica de las empresas familiares en las que el poder se pasa de padres a hijos; de modo que se le encargó la misión de impulsar la internacionalización del Banco Santander, y no hay duda de que Ana fue un factor clave en el éxito de esta institución en el extranjero, principalmente en países de América Latina tales como Venezuela, Colombia, Chile, Brasil, México y Argentina. Durante su "exilio" forzado de tres años, se desempeñó como presidenta de Razona, una compañía líder en consultoría tecnológica e integración de sistemas con presencia en México, Chile y Portugal. Ana terminó su relativo exilio, pues nunca dejó de tener presencia en España, con el retiro de dos figuras directivas del BCH y regresó a su país natal para ocupar la presidencia de Banesto, un banco minorista subsidiario del Banco Santander Central Hispano. Esta entidad había sido intervenida en 1993 por el Banco de España y, años más tarde, el Banco Santander lo adquirió en una subasta.

En la actualidad, Ana Botín, quien preside Banesto y es hija, nieta y biznieta de banqueros, es la única consejera de la primera entidad financiera de España, el Santander Central Hispano (SCH), que preside su padre, Emilio Botín. Ana brilla con luz propia a pesar de que algunos críticos aseguren que está ahí por ser hija de Emilio Botín.

Los desafíos

1) ¿Qué papel jugó Emilio Botín II en el éxito profesional de su hija?
2) Como dicen algunos de sus críticos, ¿Ana Botín tenía la mesa puesta para encargarse de un banco?
3) ¿Qué enseñanza deja esta relación padre-hija?

PARTE II

Naturaleza de los conflictos en las empresas familiares

Capítulo 5

Fundamentos sobre los conflictos en las empresas familiares

A menudo los hombres soportan con menos valor los pequeños agravios que los grandes infortunios.
Esopo

Una de las razones fundamentales por las que la gente decide no emprender negocios con sus familiares es el temor de que hayan conflictos dentro de la familia. Este temor se funda en la gran cantidad de ejemplos de familias que han acabado en malos términos por cuestiones de empresa o por cuestiones relacionadas con ella, e incluso es probable que usted conozca varios ejemplos de primera mano. Pero esas experiencias fallidas no deben ser el único motivo para descartar la posibilidad de compartir el trabajo con algún miembro de la familia, pues también existen incontables historias de éxito.

Antes de decidir trabajar con algún miembro de la familia, es preciso considerar que, de hecho, la armonía del grupo familiar se pone en riesgo cuando se mezcla la familia con la empresa. Éste no es un problema menor y, si se pasa por alto, puede ser también causa de problemas futuros. Para quienes se encuentran ante la encrucijada de trabajar con sus familiares, les sugiero plantearse las preguntas que aparecen en el cuadro 5.1.

Cuadro 5.1 Preguntas para decidir trabajar en familia (formación) de equipo).

¿Formaríamos en realidad un equipo eficaz?
¿Los posibles miembros del equipo somos afines y podríamos trabajar en armonía?
¿Tenemos madurez suficiente para manejar los conflictos que se presenten?
¿Conservaríamos la unidad en situaciones de crisis?
¿Coinciden nuestra visión e intereses sobre el negocio?
¿Tenemos claro lo que se espera de cada uno en la relación de trabajo?
¿Aporta fulano valor a la empresa? (En el caso de contratación de un familiar)
¿Cuántos miembros de la familia cabríamos en la empresa?

Sorensen (1999) plantea que en las empresas familiares, a diferencia de las no familiares, los integrantes están interesados en igual medida en mejorar sus relaciones tanto en la familia como en el negocio. Una de las razones principales por las que se manejan mejor los conflictos en este tipo de organizaciones es porque la familia se interesa en el negocio; además, las normas familiares para resolver conflictos entre ellos influyen para que éstos también puedan resolverse dentro del negocio. Asimismo, las dinámicas de poder son únicas, ya que todos pueden tener acceso a altos niveles jerárquicos o expresar sus puntos de vista en relación con un problema. Cabe mencionar que los miembros de la familia aprenden a llevar una buena relación dentro de la empresa como con sus familiares, ya que tienen intereses muy similares entre ellos. Empero, esta gran ventaja puede convertirse en una gran desventaja si la dinámica familiar no es propicia. Cuando existe desunión entre los miembros de la familia, aumenta el potencial de que se presenten conflictos en la empresa, aunque es posible reducirlos si se clarifican las funciones y se respetan los reglamentos y normas de la empresa.

Uno de los temas que más se ha estudiado en el campo de las empresas familiares es el relativo a los conflictos. Este tema suele centrarse en el área del comportamiento humano, aunque en estricto sentido también le corresponde estudiarlo a otras disciplinas relativas a la administración de organizaciones. Es posible mejorar las relaciones humanas mejorando la comunicación o adoptando un estilo de liderazgo más eficaz. Sin embargo, esto no es suficiente para asegurar que habrá armonía en la organización, ya que hay aspectos de orden estratégico y administrativo que deben considerarse.

Los conflictos pueden visualizarse desde dos perspectivas completamente opuestas: *a)* como algo perjudicial, es decir, que debe ser evitado a toda costa porque es algo negativo y que no puede traer nada bueno; *b)* como opción de mejora, que es una postura más moderna, la cual estima que los desacuerdos pueden propiciar cambios favorables.

El conflicto como algo perjudicial

El odio es un sentimiento que destruye los valores.
José Ortega y Gasset

Mi padre nos hablaba a mis hermanos y a mí desde pequeños de la maldición del gitano: "Que tengas pleitos y los ganes", repetía. Con esto procuraba hacernos conscientes de que no es bueno pelear, incluso si uno gana. Es muy probable que la mayoría de nosotros hayamos crecido bajo la óptica del conflicto como algo negativo. Desde este punto de vista, queda claro que deben evitarse diferencias y desacuerdos, y si es preciso hay que callar o ceder.

El conflicto como opción de mejora

Uno de los argumentos más contundentes a favor de esta perspectiva es, además de interesante, determinante. Se basa en el razonamiento de que dos cabezas piensan más que una sólo si están en desacuerdo. Esto ocurre así porque si dos personas pensaran de la misma manera y no tuvieran desacuerdos, no pensarían más, pensarían igual. También es cierto que este razonamiento tiene sentido en la medida que se considere que pensar más es mejor que pensar menos (vea la Figura 5.1).

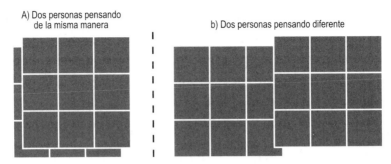

El número de cuadros en el área, ilustra el número de posibles soluciones a un problema determinado. En el caso B, el área es mayor.

Figura 5.1 Acuerdos y desacuerdos: posibles soluciones a un problema determinado

Cuando dos personas piensan diferente también conciben ideas diferentes; con esto, además de hacer una suma aritmética de posibilidades, se puede obtener un beneficio adicional, que tiene que ver con la sinergia: es posible que la combinación de soluciones propuestas por cada elemento conduzca a una tercera solución más eficaz. Uno de los principales fundamentos de las "tormentas de ideas" (una técnica utilizada para la solución de problemas) es que la cantidad determina la calidad. Por lo general, si hay muchas ideas de solución, la que sea seleccionada será mejor que si hay pocas.

Las situaciones pueden cambiar debido a los momentos de crisis. Uno de los convencidos de esta perspectiva es Greiner (1998), que ilustra en un modelo las fases de crecimiento de las organizaciones. Es posible observar que a cada momento de crisis le sigue una etapa de crecimiento, aunque en la práctica esto no siempre ocurre, porque las empresas pueden salir mal libradas de una crisis e incluso no salir de ella.

Los conflictos funcionales y los disfuncionales

Somos muy sensibles y estamos muy atentos a lo que nos hacen los demás, pero...
¿nos detenemos a pensar en lo que nosotros hacemos sufrir a los otros?
Thomas A. Kempis

Los conflictos podrían dividirse en dos grandes grupos: los funcionales (llamados también cognitivos), que suelen considerarse positivos desde la perspectiva que contempla las diferencias como opción de mejora, y los disfuncionales, que tienen que ver con sentimientos o emociones, y no son capaces de favorecer la marcha de la organización.

Los conflictos funcionales: desacuerdos potencialmente benéficos

Los conflictos funcionales pueden dividirse en dos: los conflictos por metas y los conflictos por procedimientos. En ambos casos, si se manejan con diligencia, es posible obtener resultados positivos. El siguiente ejemplo de dos hermanos ilustra un conflicto funcional por diferencias en procedimientos:

>**Juan:** Las ventas están bajas, debemos hacer recortes de personal si queremos sobrevivir.
>**Ricardo:** No estoy de acuerdo. Cuando volvamos a recuperar el nivel de ventas normal, no tendremos forma de surtir los pedidos. Además, renunciaríamos a la posibilidad de crecer. Lo que debemos hacer es pensar a futuro y fortalecer el equipo de ventas. En esta situación no debemos gastar menos sino vender más.
>**Juan:** Creo que no estás entendiendo la gravedad del problema, no tenemos para pagar la nómina, estamos en grave peligro de quiebra y debemos hacer algo pronto.

En este caso ambos hermanos tienen razón en sus planteamientos pero, gracias a una adecuada articulación de ideas, pudieron encontrar una mejor solución que las dos planteadas por separado. En este ejemplo, los hermanos decidieron elaborar un plan para reducir gastos sin recortar al personal: cambiaron el sistema de remuneración del equipo de ventas reduciendo los sueldos fijos (salarios) y aumentando los sueldos variables (comisiones).

Parece que las organizaciones requieren de cierto nivel de conflicto (funcional) para operar adecuadamente. Si no existen diferencias de opinión el desempeño es pobre, debido al excesivo relajamiento y a la escasa generación de ideas. Cuando hay pugnas, diferencias y discusiones en mediana intensidad, se llega a un punto de máxima eficacia. Si se incrementa el número de conflictos hasta alcanzar un alto nivel que no permita trabajar con armonía al estar planteando constantemente diversas formas de pensar, el rendimiento baja nuevamente. La figura 5.2 ilustra este comportamiento.

Figura 5.2 Rendimiento en función de los niveles de conflicto funcional

Los conflictos disfuncionales: eventos destructivos

Nada consume más a un hombre en la tierra que la furia del resentimiento
Friedrich Nietzsche

Las diferencias que tienen como origen sentimientos negativos no generan situaciones constructivas. En esta categoría entran los pleitos provocados por los celos, las envidias, los miedos y los rencores. Las personas que sostienen un conflicto de esta naturaleza no tienen como objetivo mejorar una situación entre quienes forman parte de un equipo de trabajo. Más bien, lo que buscan son revanchas o calmar sus miedos e inseguridades. Estas diferencias de orden afectivo empantanan las buenas relaciones de trabajo, por lo que es preciso reducirlas a una mínima expresión. En este caso se incluyen las intrigas entre colaboradores, los chismes y las críticas destructivas.

Crisis en la empresa y en la familia: el fenómeno de la resonancia

Los sismólogos explican que al haber un desplazamiento de placas tectónicas se produce una onda con determinada amplitud y frecuencia, que se desplaza en diferentes direcciones. En su recorrido, dicha onda alcanza estructuras que las hace vibrar con una amplitud de onda particular; si ambas ondas coinciden, se presenta el fenómeno de la resonancia, lo cual produce una onda de mayor amplitud, capaz de afectar e incluso derribar estructuras. En forma análoga, si en las empresas familiares coinciden las crisis de la empresa con las de la familia, también puede esperarse un fenómeno de resonancia con efectos negativos para ambos sistemas. En la figura 5.3 se ilustra un modelo que desarrollé con el auxilio del Dr. Luis Álvarez-Icaza, Investigador en Ingeniería Mecánica de la Universidad Nacional Autónoma de México (UNAM) y experto en sistemas dinámicos, que explica este fenómeno de resonancia.

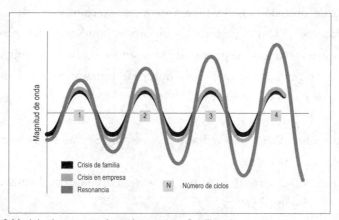

Figura 5.3 Modelo de resonancia en la empresa familiar.

En la figura se observa cómo la magnitud de la onda resultante se incrementa después de cada ciclo. En el caso específico de las empresas familiares, se puede esperar que entre más tiempo coincidan los conflictos de la empresa y los de la familia, mayor será el efecto de resonancia. Esto puede explicar el fenómeno de la acumulación de problemas, y explica por qué un pequeño problema de familia o de trabajo puede provocar que se desborden las pasiones.

Por otro lado, si se experimenta una crisis en alguno de los dos subsistemas (empresa o familia), pero el otro se mantiene estable, es posible sobrellevar mejor las dificultades del subsistema en crisis. Dado que las dimensiones "empresa" y "familia" están interconectadas, si se diera, por ejemplo, el caso de que la empresa sufra alguna crisis importante, la familia podría influir en la superación de los momentos difíciles, brindando apoyo emocional.

El comportamiento humano es mucho más complejo y difícil de predecir que el comportamiento de una onda, amén de que no puede expresarse con una ecuación. Sin embargo, no deja de ser interesante la comparación entre ambos comportamientos.

Un mecanismo para reducir los conflictos emocionales

Es posible construir una cultura organizacional que inhiba este tipo de conflictos si se rechaza una serie de comportamientos, como evitar hacer comentarios destructivos que tienen su origen en celos y envidias. Esto es especialmente útil en el caso de las empresas familiares, que poseen un componente afectivo que puede llegar a ser explosivo. Le compartiré a continuación un mensaje que recibí de una alumna de mi curso de *Administración de Empresas Familiares*.

> Un discípulo llegó muy agitado a la casa de Sócrates y empezó a hablar de esta manera:
> —¡Maestro!, quiero contarte que un amigo tuyo estuvo hablando de ti con malevolencia...
> Sócrates lo interrumpió diciendo:
> —¡Espera! ¿Ya hiciste pasar por las tres bardas lo que quieres decir?
> —¿Las tres bardas?
> —Sí —replicó Sócrates—, la primera es la VERDAD. ¿Ya examinaste cuidadosamente si lo que me quieres decir es verdadero en todos sus puntos?

—No... lo oí decir a unos vecinos...

—Pero al menos lo habrás hecho pasar por la segunda barda, que es la BONDAD. ¿Lo que me quieres decir es por lo menos bueno?

—No, en realidad no, al contrario...

—¡Ah! —interrumpió Sócrates—. Entonces vamos a la última barda. ¿Es NECESARIO que me cuentes eso?

—No, para ser sincero; necesario no es.

—Entonces —sonrió el sabio—, Si NO ES VERDAD, NI BUENO, NI NECESARIO... ¡sepultémoslo en el olvido!

No está de más recordar lo que la Madre Teresa de Calcuta dijo sobre las críticas a otras personas: "Juzgar a la gente toma tanto tiempo que no deja espacio para amarla".

No es fácil determinar dónde comienza un conflicto disfuncional y dónde empieza uno funcional. La frontera es difusa, y muchas veces aunque en apariencia la discusión se centre en una cuestión empresarial, el origen puede hallarse en una cuestión afectiva. Por desgracia, estas situaciones son muy comunes y a menudo los miembros de la familia, que exponen problemas relativos a la empresa, esconden bajo esas observaciones su rivalidad y competencia.

Estilos básicos en el manejo de conflictos

Hay ocasiones en que es indudablemente mejor perder que ganar.
Platón

Uno de los modelos más utilizados en el manejo y prevención de conflictos es el de Blake y Mouton (Figura 5.4). En él se tienen en cuenta dos dimensiones: la de reafirmación (o el *yo*) y la de cooperación (o el *tú*). De la combinación de estas dimensiones resultan cinco campos o estilos de manejo de conflicto. El *competidor* pretende satisfacer sus intereses sobre otros. El *acomodaticio* pasa a segundo término sus intereses y cede ante otros. El *evasivo* ignora el conflicto. El *conciliador* pretende ceder algo a cambio de recibir un beneficio y, por último, el *colaborador* desea satisfacer las necesidades de las partes involucradas en el conflicto. En este último cuadrante se ubican las negociaciones *ganar-ganar* y aunque en teoría el cuadrante relativo al colaborador es el más eficaz (dado que es el cuadrante natural de la sinergia), en la práctica se considera que es mejor aplicar el estilo adecuado a cada situación. Incluso el estilo evasivo que corresponde al de la tortuga (que se mete en su caparazón) puede ser el estilo más adecuado para resolver un conflicto determinado.

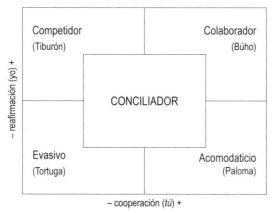

Figura 5.4 Estilos básicos en el manejo de conflictos.

Conflictos entre hermanos

La igualdad consiste en dar el mismo trato a personas similares.
Aristóteles

Al contrario de lo que establecen las normas sociales, los conflictos entre hermanos no necesariamente deben percibirse como destructivos. Éstos también pueden verse como fuerzas constructivas que estimulan el desarrollo intelectual y emocional a lo largo de la vida. La rivalidad entre descendientes es la expresión de sus diferencias y necesidades individuales. Esa rivalidad puede ser benigna o maligna (como es el caso prototípico de Caín y Abel). No obstante, en el caso de las empresas familiares, la rivalidad entre los descendientes puede significar el fin de la empresa.

La rivalidad entre hermanos nace de la competencia por el amor y la atención de los padres. Según Friedman (1991), tres factores influyen la calidad de las relaciones entre descendientes: 1) comparaciones entre descendientes, 2) tipo de juicio (equidad o igualdad), y 3) el papel de los padres en la solución de conflictos. La influencia de estos tres factores provoca resultados funcionales o disfuncionales en la relación de ellos.

1) *Comparaciones entre descendientes.* La forma de comparar a los descendientes influye en el modo en que ellos mismos se valoran como individuos. Las comparaciones son inevitables y pueden conducir a la identificación personal. Los descendientes pueden ser capaces o no de poner en su justa dimensión las comparaciones hechas por sus padres. Como resultado suele obtenerse un determinado sentido de eficacia. El reconocimiento explícito y la aceptación de las diferencias entre los descendientes debe basarse en la apreciación de las características individuales de los niños. Para Friedman (1991) los niños que se sienten queridos y aceptados como son, aprenden que no necesitan destruir a sus hermanos para llamar la atención y el cariño de los padres, por lo que suelen ser más capaces de perseguir sus intereses personales y no dedicarse a satisfacer las necesidades ocultas de sus padres.

2) *Tipo de juicio (equidad o igualdad).* Otro de los factores que afecta la relación entre descendientes es la percepción que tienen ellos sobre si han sido tratados con justicia por sus padres. Se ha demostrado que en una pareja de descendientes, si uno percibe favoritismo hacia el otro, expresan aversión mutua. Aquí radica uno de los grandes dilemas de los padres: ¿Cómo lograr la equidad en los recursos familiares y que los hijos se sientan tratados con justicia?

La competencia entre los hijos es algo que existe de hecho. Cuando los padres niegan esta rivalidad, las normas de la equidad son sustituidas por las de igualdad, en relación con la forma en que depositan su amor. El problema de las normas de igualdad es que no tienen en cuenta las diferencias de los individuos. Una política de igualdad en la repartición de acciones, por ejemplo, podría no crear un sentimiento de equidad. Por el contrario, una decisión así podría reafirmar en los hijos el sentimiento de que sus diferencias y necesidades individuales no han sido valoradas.

Los problemas no aparecen cuando los hijos son tratados de diferente manera, sino cuando son valorados por encima o por debajo de lo que ellos mismos valoran.
3) *El papel de los padres en la solución de conflictos.* La participación de los padres en la solución de conflictos entre hijos también suele propiciar rivalidad entre ellos. Cuando un padre se mantiene al margen de las disputas de sus hijos, éstos encontrarán pronto otra manera más constructiva de emplear su tiempo. Nunca se dará una relación positiva entre niños cuando los padres interfieren. Los hijos en familias adversas al conflicto aprenden a suprimir sus sentimientos de agresión y adoptan la creencia de que la rivalidad entre hermanos es un tabú. En estas familias, los hijos no pueden solucionar sus disputas en forma autónoma y requieren la participación de sus padres.

Para Friedman (1991), en el modelo de tres círculos (Tagiuri y Davis, 1985) el círculo familiar es el más importante. Si se pretende reducir la rivalidad entre descendientes es preciso renovar o fortalecer las relaciones de ellos en el sistema de familia. Los descendientes que son capaces de examinar y trabajar su rivalidad están en mejores condiciones de dejar en segundo término la competencia.

Conflictos entre hermanos mayores y menores

Barnes (1988) estima que las hijas y los hijos menores que se convierten en líderes de empresas familiares deben enfrentar el cambio de expectativas de sus papeles en la familia e incluso rediseñar su propia identidad. Por tradición, los padres de muchas culturas adoptan el mayorazgo o la primogenitura. Es posible observar este fenómeno en reinos y organizaciones de todo tipo. En un estudio realizado por Kajihara (1998) tomando como muestra 31 empresas mexicanas, determinó que en 75 por ciento de ellas el sucesor es el primer hijo varón. Por lo general, las hijas y los hermanos menores deben luchar contra esta tradición que consideran injusta y, si quieren ocupar un liderazgo en las organizaciones familiares, deben elevar su posición en la jerarquía familiar. De no ser así, en caso de lograr un puesto directivo, su posición suele ser endeble.

Conflicto entre generaciones

La visión de la vida cambia en relación con la edad y, por ello, entre padres e hijos (y en general entre generaciones) suelen haber diferencias de opinión significativas respecto a diversos temas, incluyendo los empresariales. A continuación se ilustra con dos casos uno de los típicos problemas entre padres e hijos sobre una decisión de riesgo:

> **José:** Papá, si queremos que esta empresa sea más competitiva debemos llevar a cabo una transformación completa. Para lograrlo debemos comenzar la construcción de una nueva planta.
>
> **Don José:** La empresa no tiene los recursos para hacer una inversión de esa naturaleza y yo no estoy dispuesto a arriesgar mi capital personal. Que se invierta lo que el negocio puede generar, ni un centavo más.

O en este otro caso:

> **Ricardo:** Con el tamaño actual del negocio es imposible que mis hermanos y yo podamos trabajar juntos en él. Deberíamos vender por lo menos tres veces más si queremos vivir todos del negocio de la familia y transformar la empresa. Para ello es imprescindible invertir más.
>
> **Don Ricardo:** ¿Me estás pidiendo que arriesgue la seguridad de mi vejez? ¿Me podrías explicar lo que me sucedería si no recupero esa inversión? Ustedes son jóvenes y podrían recuperarse de un fracaso, pero mi caso es diferente. Con casi 70 años yo no podría levantarme de nuevo. No me pidas que asuma riesgos de esa magnitud.

La generación mayor suele ser más conservadora que la menor, por lo que usualmente reacciona en forma negativa a las propuestas arriesgadas, sobre todo las que exponen su capital y comprometen su bienestar.

Las familias crecen más rápido que las empresas, por lo que es preciso tener en cuenta que si los miembros de la siguiente generación desean tener cabida en las empresas de sus mayores, éstas deben crecer. En última instancia esto requerirá solicitar créditos, contratar más personal y, en general, asumir mayores riesgos.

Capítulo 6

Causas principales de los conflictos

No te disgustes por no poder hacer a los demás como tú deseas que sean, pues tú mismo no puedes ser como tú deseas ser.
Thomas Kempis

Existen varias causas que pueden suscitar conflictos en las empresas familiares y una de las principales (que a su vez genera múltiples conflictos adicionales) es la confusión entre los subsistemas de empresa y familia.

Confusión entre los sistemas empresa y familia

Ya se ha visto en capítulos anteriores que la empresa familiar puede explicarse gráficamente mediante la unión de dos círculos, donde se observa un área de intersección llamada zona de conflicto. Ahora usted tiene en su mente un modelo muy simple (y a la vez muy útil) de lo que es una empresa familiar. Intente ahora separar un poco los dos círculos. ¿Qué ocurre con el área de intersección? Se reduce. ¿Qué significa esto? Que el potencial de conflicto se reduce también. Lo que usted ha aprendido con ayuda de este modelo es muy importante. En la medida que se separen los subsistemas familiar y de empresa, también se reducirán los conflictos (vea la figura 6.1). Separar los círculos significa clarificar objetivos, respetar los papeles e identificar correctamente los espacios y momentos que corresponden a cada sistema. Los círculos permanecerán unidos y siempre habrá un área de traslape, pues de lo contrario dejaría de ser una empresa familiar

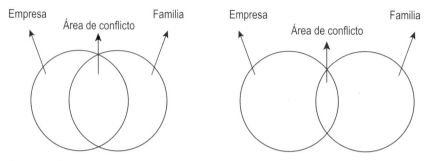

Figura 6.1 Área de conflicto en el modelo de dos círculos.

Al no tener claro lo que corresponde a cada uno de estos sistemas se tienen comportamientos y decisiones inadecuadas que generan tensiones y un bajo rendimiento en la organización. Los siguientes problemas se derivan de la confusión entre empresa y familia:

a) **Juego de roles inadecuados dentro de la empresa:**
Los miembros de una familia tienden a interactuar de la misma manera y bajo los mismos patrones que se dan en la familia, con independencia de los escenarios en que se encuentren. Por ejemplo, un miembro dominante en la familia tenderá a serlo también en la empresa, sobre todo si convive con los mismos miembros. Asimismo, los individuos pasivos o reactivos en la familia se desempeñarán de igual manera en el trabajo. Pareciera que ambos sistemas ponen sobre ellos ciertas expectativas, que terminan cumpliendo. Es curioso cómo las personas pueden comportarse de muy diversas maneras según la naturaleza del grupo en que se desarrollan.

Los padres suelen sorprenderse cuando otras personas describen a sus hijos en una forma completamente diferente de como ellos los perciben. Las personas se comportan de diferente manera en función de la naturaleza de su grupo, y pueden adoptar roles completamente diferentes en distintos grupos. En el caso de las empresas familiares, dado que parte de la familia opera la empresa, el comportamiento de los miembros de la familia tenderá a ser similar. Puesto que la empresa y la familia suelen tener objetivos diferentes, el comportamiento de sus miembros en cada uno de estos sistemas podría requerir que fueran diferentes también.

Cada miembro de la familia desempeña un papel determinado: los hermanos mayores suelen desempeñar un papel diferente que el de los hermanos menores; las hermanas desempeñan un papel distinto que el de los hermanos y el padre no asume el mismo papel que la madre. La dinámica de la familia se manifiesta de cierta manera y la actuación de cada uno de sus elementos responde a ella. Ahora bien, si el primogénito ha asumido cierto liderazgo en relación con sus hermanos, ¿debería seguir ejerciéndolo dentro de la empresa? Cuando se habla de la separación entre sistemas, se reconoce que la empresa y la familia operan de maneras diferentes, por lo que quizá sería deseable que el comportamiento de los miembros de la familia en la empresa fuera diferente también.

b) **Estructuras organizacionales inadecuadas:**

Una de las principales fuentes de conflicto en estas empresas se debe a una mala organización, y ésta tiene su origen en el diseño ineficaz de su estructura. En ocasiones, por respetar algunos acuerdos de orden familiar, las compañías no se organizan de una manera eficaz. He sido testigo de cómo algunas compañías carecen de consejos de administración o de un director general porque pretenden conservar la dinámica familiar dentro de la empresa, lo que provoca que se alejen por completo de cualquier posibilidad de profesionalización.

c) **Exceso de miembros de la familia en la organización:**

¿Cuántos miembros de la familia caben en la empresa? Es preciso formularse al menos esta simple pregunta (que debería seguirse de muchas otras) antes de incorporar al primer miembro de la familia en la empresa. En ocasiones es claro que los negocios no pueden soportar a tantos miembros de la familia con altas aspiraciones, a menos que la empresa misma crezca. La incorporación de familiares debe ser congruente con la estrategia de la empresa. En este sentido, el fundador puede cometer graves errores al permitir la entrada de varios de sus hijos y, a la vez, no estar dispuesto a arriesgar nada para hacer crecer a la compañía. Si la visión del negocio incluye que éste conserve un determinado tamaño, lo mejor sería contratar el número adecuado de familiares que puedan desempeñarse adecuadamente en ella. Sobra decir que la primera condición para contratar a cualquier miembro de la familia es que éste sea capaz de agregar valor a la organización.

d) **Remuneraciones inadecuadas (teniendo en cuenta únicamente el sistema familiar):**
Remunerar a los miembros de la familia considerando sólo el hecho de que son elementos de una familia puede ser, además de injusto, inadecuado y frustrante para muchos de ellos.

El valor supremo del sistema de familia es el amor. Se puede suponer que a todos los hijos de la familia se les quiere por igual, aunque no por ello deja de haber mayores afinidades con alguno de ellos o que puede haber hijos consentidos. Dada esta suposición, se esperaría que todos los hijos que laboren en la empresa de la familia reciban los mismos ingresos. Entre hermanos varones éste suele ser el caso, aunque en muchas situaciones las hermanas (en especial las que ocupan puestos de menor responsabilidad o laboran jornadas parciales), perciben menores salarios que sus hermanos.

A menudo los hermanos que tienen responsabilidades distintas y generan resultados distintos reciben el mismo salario, lo cual obedece a la necesidad de igualdad que dicta el sistema familiar, aunque si la situación se analiza desde la perspectiva empresarial, es notorio que se está cometiendo una injusticia y, a la vez, se cae en otro error: se desmotiva a las personas más rentables y comprometidas de la organización. Con respecto al punto de remuneraciones, asignar retribuciones más justas y eficaces es una forma de separar los sistemas de empresa y de familia. No hay que perder de vista que un cambio en el sistema de remuneración puede provocar problemas, pero que es saludable enfrentarlos. Por otro lado, remunerar a los miembros de la familia en relación con sus capacidades y responsabilidades también podría generar diferentes puntos de vista, dado que difícilmente habrá consenso sobre las capacidades y talentos de éstos.

e) **Comportamientos cruzados:**

Otra de las consecuencias de no separar los sistemas de empresa y familia se hace patente en el desempeño de actividades fuera del subsistema correspondiente. En otras palabras, en ocasiones se pueden realizar trabajos o discutir temas de empresa en tiempos y espacios destinados a la familia o viceversa. Imaginen a una familia reunida en la comida dominical con la abuela en la que el tema de sobremesa sea un problema que enfrenta la empresa, como en este ejemplo:

(Durante la comida dominical con la abuela)

Juan: Las cuentas por cobrar se han incrementado de una forma dramática. Propongo como estrategia que cobremos intereses moratorios a nuestros clientes.

Pedro: Creo que si ponemos en marcha esa estrategia, no lograremos cobrar ni los intereses ni el capital. Sugiero que presionemos con los pedidos pendientes por surtir. No surtiremos a menos que liquiden las cuentas pendientes.

Gabriel: ¿Estás loco? De esa manera no sólo perderás el dinero sino también al cliente, que preferirá comprarle a un nuevo proveedor.

Abuela: Yo no entiendo nada de lo que están diciendo, ¿qué no pueden hablar de otra cosa que no sea del negocio?

Por otro lado, es muy común que en la empresa se toquen temas de familia que distraigan la actividad productiva, como se muestra en el siguiente diálogo entre familiares que llevan a cabo una junta de trabajo:

(Durante la junta semanal del comité administrativo)

Don Eliseo: Antes de iniciar nuestra junta semanal, quiero platicarles que el tío Fernando y la tía Matilde se han peleado, y tal parece que piensan divorciarse. En mi opinión, ella está equivocada.

Mónica (hija de don Eliseo): ¿Te parece que nos concentremos en la junta y dejemos los temas de familia para otra ocasión? Enfoquémonos en los puntos de la minuta y, si nos queda tiempo, hablaremos de lo que quieras.

Don Eliseo: ¡Qué carácter tienes hija! Sólo quería charlar sobre algunas cosas que nos interesan a todos los que estamos en esta mesa.

Mónica: Sólo quiero evitar lo que nos sucede en la mayoría de las juntas, comenzamos charlando sobre cosas que no tienen nada que ver con el negocio y después no tenemos el tiempo suficiente para discutir los puntos del orden del día.

Además de causas asociadas a la incorrecta separación de ambos sistemas, están estas otras causas de conflictos:

1) **Clima organizacional poco propicio para el desarrollo:**
   Se ha comprobado que el clima organizacional se relaciona con diversas variables de desempeño. Cuando las condiciones del entorno empresarial son malas y provocan tensión, los conflictos se presentan con mayor intensidad y frecuencia. Por el contrario, en entornos estimulantes los trabajadores encuentran espacios donde pueden desarrollarse profesionalmente. Por desgracia gran cantidad de directivos no está consciente de las repercusiones del clima laboral sobre la productividad; a su modo de ver, basta con otorgar un salario de mercado para que los trabajadores se comprometan con sus organizaciones. Un ejemplo de las variables de clima organizacional es la libre expresión de ideas y sentimientos. Las personas que no se sienten seguras de expresarse libremente porque las condiciones laborales (clima) no son propicias, difícilmente aportarán buenas ideas. Parecería que el hecho de que no exista una cultura de libre expresión podría reducir los conflictos, pues de ese modo se obliga a los miembros de una organización a actuar de la misma manera, pero en el fondo las cosas no ocurren así. En el *Capítulo 12* profundizaré sobre la influencia del clima organizacional en las variables asociadas a la productividad.

2) **Comunicación deficiente:**
   Es irónico que aunque muchos miembros de las familias pasen juntos mucho tiempo no exista una buena comunicación entre ellos. La

buena comunicación en la empresa depende de varios factores, entre los cuales se hallan los siguientes:

a) *Escuchar activamente*: Para establecer una buena comunicación primero hay que ser un buen receptor. Conocer las motivaciones de otros nos permite ponernos más fácilmente en sus zapatos, lo que propicia el acercamiento y la comunicación entre las personas.

b) *Elegir el medio de comunicación adecuado*: En empresas familiares se abusa de la comunicación verbal; aunque eficaz esta forma de comunicación, en ocasiones resulta imprecisa. La comunicación escrita puede clarificar puntos y ser duradera, además logra el compromiso entre los familiares. Es importante saber cuándo se puede utilizar la comunicación escrita y cuándo conviene utilizar otro tipo de comunicaciones.

c) *Establecer una comunicación abierta y honesta con sensibilidad*: Más vale una colorada que diez descoloridas, dice la sabiduría popular. En otras palabras, siempre conviene decir las cosas con claridad. La honestidad y la apertura son importantes, aunque no por ello se debe perder la mesura al transmitir los mensajes, lo cual es de particular importancia cuando se trata de la familia. Imagine usted las consecuencias de la siguiente declaración:

Tío Manuel a su hermana Eugenia: Una vez más tu hijo cometió la misma tontería. Si seguimos permitiéndole que tome esas decisiones nos llevará a la ruina.

Imagine la respuesta de la tía Eugenia. Es muy probable que ella responda de manera agresiva y, como consecuencia, la comunicación entre ambos se vea amenazada. La declaración del tío Manuel es honesta, pero es probable que el resultado sea desastroso. Una alternativa a esta declaración puede ser la siguiente:

Tío Manuel: Es importante que los chicos se formen adecuadamente. Me he percatado de que podrían mejorar su rendimiento si los capacitamos mejor. Incluso he estado pensando que podrían tomar algunos cursos...

La segunda comunicación es honesta y, a la vez, propositiva y sensible. Antes de comunicar con honestidad excesiva, vale la pena pensar en las consecuencias de la transmisión del mensaje.

3) **Luchas de poder por el control de la compañía:**

Las generaciones mayor y menor se enfrentan constantemente por temas relativos al control de la empresa. A medida que la generación menor se desarrolla en la organización suele exigir más espacios y desea participar cada vez más en la toma de decisiones. La generación mayor puede estar complacida por su interés, pero también puede sentirse desplazada en el trabajo que ha realizado durante muchos años. La simple idea de perder el control ante los menores puede provocar que los mayores cierren algunos espacios y se resistan a ceder el paso a la siguiente generación. Se dice que padres e hijos viven una relación de contradicción porque, aun cuando se inscriben en un marco de amor, pelean por el control de la empresa y por la toma de decisiones estratégicas.

Entre hermanos también se suelen presentar luchas de poder y, por desgracia, en muchos casos estos conflictos terminan con distanciamientos familiares. En empresas de tercera generación, donde incluso participan los primos, los conflictos por el control se tornan aún mayores y, en ocasiones, hasta se vuelven destructivos, sobre todo si no existen reglas claras en la operación y en el control de las empresas.

Capítulo 7

Algunas ideas para prevenir conflictos

Es mejor encender una vela que maldecir en la oscuridad.
Proverbio chino

A continuación expongo algunas ideas prácticas que pueden ayudar a prevenir conflictos. Como es de imaginarse, estas ideas, además de contribuir a reducir el potencial de conflicto, pueden mejorar la marcha de la organización.

Creación de una visión compartida

La visión es una de las herramientas más poderosas que mueven a las organizaciones. Ésta se refiere a la organización futura, a la empresa que se pretende desarrollar en 10 o 20 años. La visión es la imagen perfecta e inalcanzable que, a pesar de serlo, sirve como derrotero e inspiración para quienes forman parte de un equipo de trabajo. La figura 7.1 ilustra la importancia de crear una visión sublime de lo que se pretende construir, en comparación con una visión modesta.

En el primer caso, el arquero apunta hacia la estrella, arriba del blanco, pues sabe que su flecha bajará por la fuerza gravitacional. En el segundo caso, el arquero apunta precisamente en el blanco, por lo que su flecha terminará enterrada en el piso. La gravedad es implacable. Lo mismo sucede en la escuela con quienes estudian para obtener una calificación suficiente para la materia. Si se procede así, por lo general, obtendrán uno o dos puntos menos de lo planeado.

Una vez que se ha creado una visión, es necesario compartirla. Cada elemento de la organización y de la familia debe tener una visión unificada, ya que, de esta manera, se aclara el rumbo que debe seguir cada uno de ellos con respecto a la organización. De hecho, será más fácil que la visión sea aceptada por los colaboradores si ellos fueron partícipes de su creación.

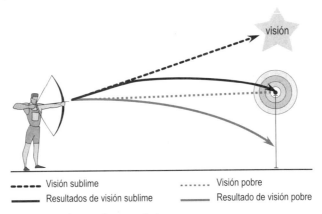

– – – – Visión sublime　　　　　　· · · · · · Visión pobre
———— Resultados de visión sublime　———— Resultado de visión pobre

Figura 7.1 La visión y la fuerza de gravedad.

Para algunas personas, ni los directivos ni los propietarios son los verdaderos líderes de una organización, pues tal papel corresponde a la visión.

Clarificación de las reglas del juego en la empresa familiar

Todos los miembros de la familia que, de alguna manera, se relacionen con la empresa deben conocer por lo menos las cuestiones fundamentales de su organización y lo que se espera de ellos. Es evidente que no todos deben conocer con la misma profundidad lo referente a la organización, pero aunque el director conozca las entrañas del negocio, los miembros de menor edad y los cónyuges que no laboran en él tienen la obligación de conocer al menos una parte de sus reglas y fundamentos. Existe un documento, el estatuto familiar, que debe ser conocido por todos los miembros de la familia. Éste se refiere a la vinculación de la familia con la empresa. Como se verá posteriormente, el estatuto familiar establece los lineamientos en torno a los asuntos empresariales que le competen a la familia, como puede ser la probable inclusión de parientes en la organización. En la medida en que las reglas sean claras para todos y se reduzca la ambigüedad de los planes del fundador o líder, los miembros de estas organizaciones se sentirán más seguros y también disminuirán las luchas interiores por el control.

Diseño de una organización profesional

En una empresa bien organizada hay menos espacio para los conflictos. Cuando una empresa se estructura dando prioridad al sistema familiar (con el objetivo de satisfacer las necesidades de sus miembros) pero se dejan sin resolver las demandas de la empresa, ésta quedará vulnerable y, además, se propiciarán conflictos en la empresa. Varias organizaciones crean puestos y divisiones enteras para dar cabida a familiares, aunque ellos no respondan al interés de la organización. El diseño de la estructura de la empresa debe responder justamente a las necesidades de ésta. Si hay miembros que puedan ocupar los puestos creados, habrá que analizar la conveniencia de incorporarlos. Dentro de este punto se incluyen los tres temas siguientes

a) **Incorporación de elementos capaces de agregar valor:**
   Las empresas son, en esencia, las personas que trabajan en ella. Bajo esta premisa es preciso contratar únicamente a personas valiosas, esto es, sólo a los que son capaces de agregar valor a la organización. ¿Cómo se mide el valor que pueden aportar? No existe una bola de cristal con la que se pueda adivinar el futuro sobre el desempeño de los candidatos, pero si se analiza con detalle el perfil del puesto requerido y se compara con las características del candidato, es posible predecir el resultado con cierta seguridad. Como en cualquier otro caso, deben valorarse al menos las capacidades, las actitudes y los valores de quienes aspiran a ocupar un cargo dentro de la empresa de la familia.

b) **División de funciones y descripción de puestos:**
   Una división clara de funciones es una herramienta fundamental no sólo para lograr una especialización en el trabajo, sino también para evitar confusiones.
   En empresas muy pequeñas los elementos tienden a hacer un poco de todo, y no es sencillo hacer una asignación de puestos. En empresas más grandes, en las que existe una mayor especializa-

ción, la división de funciones resulta más sencilla. El personaje que suele violar con mayor frecuencia su descripción de puesto es el líder (fundador). En el caso del fundador, quien está acostumbrado a realizar diversos trabajos dentro de su organización, tiene problemas para definir sus propias funciones si su compañía crece, pues aunque se ve forzado a delegar funciones, siempre sufre la tentación de realizar funciones de otros, debido a que él las realizaba en el pasado.

Es importante que todos los miembros de la organización tengan claro lo que deben hacer y lo que se espera de ellos. En una empresa familiar, sobre todo cuando hay relaciones conflictivas entre sus miembros, se pueden incluir en la descripción del puesto las acciones que no se pueden realizar. Por ejemplo, si hay conflictos entre dos miembros de la familia porque uno de ellos da órdenes al personal a cargo del otro, no estaría de más aclarar que tal puesto no puede dar órdenes al personal de un departamento determinado. Esto puede parecer innecesario, pero si sirve para aclarar lo que se espera de la persona, resulta adecuado incluir este apartado en la descripción de funciones.

c) **Descripción de trayectorias:**

Éste es un concepto novedoso que pretende acabar con la ambigüedad de los planes de los líderes empresariales, pero requiere de una gran apertura. Se pretende planear el desarrollo de cada miembro en función de sus circunstancias, intereses y capacidades, pero también respondiendo a las necesidades de la empresa. El desarrollo profesional que podrán tener los miembros de la familia dentro de la empresa puede quedar bien claro desde la incorporación de cada uno de ellos, e incluso antes, lo cual se consigue proyectando las competencias que deben desarrollar, los cursos y la experiencia que se deben tener y los probables puestos que podrían ocupar. Es importante hacer notar que se trata de simples planes, y que en ningún caso es una carta de garantía ni una promesa de que se concederá puesto alguno. La mera descripción de trayectorias reduce la incertidumbre de quienes se preparan para ocupar cargos relevantes en la organización, pero también sirve para indicar quiénes no los ocuparán. Es justo que se conozcan desde el principio los planes del líder, pues así se pueden evitar sorpresas desagradables al momento de pasar la estafeta a la siguiente generación. Este proceso de descripción de trayectorias requiere de apertura y valentía.

d) **Difusión de una cultura de aceptación de la diversidad:**
Las organizaciones de corte autoritario tienden a rechazar opiniones diferentes a las de su líder. En estos casos, pensar de manera diferente puede ser un riesgo porque constituye una afrenta para quien lleva control de la empresa. Recuerde que dos cabezas piensan más que una sólo en la medida en que piensen diferente, y que pensar más es mejor que pensar menos. Promover una cultura de participación, expresión y tolerancia a las diferencias, rendirá frutos a las organizaciones. Si lo hacen así quizá muy pronto podrían acostumbrarse a ver una diferencia de opiniones como una opción para mejorar una situación presente.

e) **Encapsulamiento del conflicto:**
Al vivir un conflicto resulta tentador buscar alianzas para compartir nuestra frustración. Si lee el siguiente diálogo esto le quedará más claro:

Pablo a su esposa: No quisiera llenarte la cabeza de problemas, pero te contaré lo que me hizo mi hermano Luis para que veas lo egoísta que es: se suponía que los recursos generados durante este periodo se invertirían en partes proporcionales en cada departamento de la empresa. Pero él, sin consultar a nadie, decidió invertir todos los recursos en el departamento de producción, que él dirige.

Pablo está buscando alianzas contra su hermano en vez de encapsular el conflicto y manejarlo únicamente con él. Si lo hubiera hecho, es posible que los dos hermanos habrían solucionado el conflicto en pocas horas, pero la pólvora se ha regado ya en otras personas. Hay que tener esto en cuenta cuando se tiene la tentación de comentar situaciones de la empresa con la pareja.

f) **Perdón:**

En los últimos años se ha estudiado más la influencia del perdón en las organizaciones. Las personas que poseen la habilidad de perdonar suelen formar grupos cohesivos y, en general, experimentan relaciones laborales más sanas. Uno de los grandes problemas que experimentan las empresas familiares es su incapacidad para ventilar conflictos, los cuales, en ocasiones, tienen su origen en viejas rencillas. Se dice que las empresas familiares son organizaciones emocionales. Si se acumulan emociones destructivas durante años, como pueden ser los celos, las envidias y los rencores, se puede predecir un desenlace fatal. Así como una olla de vapor tiene una válvula de escape que reduce la presión, en las organizaciones el acto de perdonar actúa como una válvula que deja escapar las tensiones. La habilidad de perdonar es susceptible de ser desarrollada, como le mostraré en el *Capítulo 8*.

Conflictos en tiempos de crisis

En tiempos de crisis los problemas de convivencia en las organizaciones se avivan. Por supuesto, existen casos en que también en tiempos de abundancia se presentan trifulcas de telenovela pero, en general cuando las cosas van bien, y hay para todos, las relaciones intrafamiliares son mejores.

Precisamente en los momentos de dificultad es cuando más control, sensibilidad, comunicación y unión debe haber tanto en el grupo de trabajo como en la familia. Corresponde principalmente a los líderes de estas organizaciones promover una mentalidad positiva en los momentos difíciles: a ellos les recomiendo que reúnan a su grupo de trabajo y que toquen el tema relativo a la unión del grupo en momentos de crisis. Pueden aprovechar una junta e incluir el punto en la minuta. Es preciso hablar sobre la importancia de mantenerse unidos en los momentos de crisis y generar propuestas para conseguir este objetivo. Se debe enfatizar que en los momentos difíciles es normal que las relaciones se compliquen, y que es indispensable mantener la cabeza fría y la buena fe. Henry Ford y Henry Ford II son un ejemplo de unidad en tiempos de crisis. La visión del negocio de ambas personalidades era totalmente distinta, pero supieron hacer acopio de su talento para integrarse positivamente. En este caso en específico, Hery Ford tuvo la visión de dejar que su nieto asumiera el liderazgo en la empresa cuando ésta se vio en graves problemas, e incluso a punto de desaparecer.

La mediación en el conflicto

La mediación es un método de solución de conflictos en el que una tercera persona (objetiva), auxilia a las partes en disputa para negociar sobre los temas que los dividen. La mediación funciona porque es menos destructiva hacia el negocio que ventilar los pleitos en los tribunales. El litigio y el arbitraje suelen generar una mayor destrucción de los negocios y de las relaciones interpersonales. Según Prince (1990), la mediación en cualquier ambiente debe cumplir con los siguientes elementos: *1)* Que el mediador sea imparcial, *2)* que el proceso de mediación sea voluntario, *3)* si es preciso, que se mantenga la confidencialidad, *4)* que los procedimientos del mediador sean flexibles.

La mediación suele ser el último recurso antes del litigio cuando se trata de empresas familiares; de hecho, esta práctica no está difundida en este tipo de organizaciones. Es común que se intenten utilizar métodos tradicionales para resolver disputas como, por ejemplo, dejar la solución en manos de algún miembro de la familia que tenga autoridad por su edad y por su solvencia moral, pero este método suele alejar a los miembros de las familias. Otro de los métodos para manejar los conflictos de las familias consiste en ignorarse mutuamente y no interactuar fuera del negocio.

El mediador puede encontrarse entre varios frentes a la vez y tiene el gran riesgo de quedar en malos términos con quienes se consideren desfavorecidos por la intervención del mediador, como se ilustra en la siguiente fábula de Gibrán Jalil Gibrán titulada *Sabiduría y sabiduría a medias:*

[...] Cuatro ranas sentáronse sobre un tronco que flotaba a la orilla de un río. De pronto, el tronco fue alcanzado por la corriente y arrastrado río abajo. Las ranas estaban encantadas y absortas, porque nunca habían navegado.

Después de un instante, la primera rana habló y dijo: "Éste es en verdad el tronco más maravilloso. Se mueve como si tuviera vida. Jamás se conoció un tronco semejante." La segunda rana dijo: "No, amigas mías, este tronco es como cualquier otro, y no se mueve. Es el río que corre hacia el mar y nos lleva junto con el tronco." Y la tercera opinó: "Ni el tronco ni el río se mueven. El movimiento está en nuestra mente. Porque sin el pensamiento nada se mueve." Y las tres ranas empezaron a discutir acerca de lo que realmente se movía. La disputa se hizo más y más enojosa, sin llegar a convenir en algo. Entonces se volvieron hacia la cuarta rana, que las escuchaba atenta y en paz. Y le preguntaron su opinión. La cuarta rana dijo: "Las tres tenéis razón. El movimiento está en el tronco, y en el agua, y también en nuestra mente." Y las tres ranas montaron en cólera, porque ninguna quería admitir que lo dicho por ella no fuese toda la verdad y que las otras dos no estuviesen totalmente equivocadas.

Entonces sucedió una cosa extraña. Las tres se aliaron y arrojaron a la cuarta rana al río.

Por mi experiencia en mediación le puedo asegurar que si a las partes en conflicto no les interesa llegar a un arreglo y no están dispuestas a poner todo de su parte para llegar a soluciones, no hay mediador que pueda ayudar a solucionar problemas.

Capítulo 8

Impacto de la práctica del perdón en las organizaciones familiares

Juzgar a la gente toma tanto tiempo que no deja espacio para amarla.
Madre Teresa

Me parece importante abordar en este libro, aunque sea de manera breve, el tema del perdón, dado que las empresas familiares se distinguen por su carácter emocional. En este tipo de organizaciones los conflictos suelen acumularse por años, sin que se ventilen de una manera apropiada. La práctica del perdón puede significar la diferencia entre construir una empresa próspera y una familia feliz o destruir tanto a la familia como a la empresa.

El perdón es un concepto con profundas raíces religiosas y también de importantes repercusiones prácticas. Aunque parece un concepto de uso común y del que todos nos vanagloriamos de hacer buen uso, sin embargo parece que no hay acuerdo acerca de qué significa perdonar; por ello sólo me limitaré a hablar del perdón en el contexto empresarial. En el caso de las organizaciones, perdonar no significa tolerar la ineficacia o disminuir el nivel de exigencia. La práctica del perdón en el ambiente empresarial genera confianza y compromiso por parte del personal, entre otros muchos beneficios. En el caso de las empresas familiares, donde se acumulan las tensiones, el perdón ofrece una salida práctica y eficaz a los conflictos. Con todo, para perdonar verdaderamente se requiere pasar por un proceso de curación, el cual posee varias fases, las cuales son:

1) Negación del daño, *2)* Culparse a sí mismo (autoculpa), *3)* Sentirse víctima, *4)* Indignación, *5)* Supervivencia, *6)* Integración.

Cada fase tiene una duración particular y, si el daño es grande, cada una de ellas puede durar incluso varios años. Por desgracia, algunas personas pueden quedar estancadas en alguna de las fases, por lo que no logran terminar el proceso de curación. Inicialmente, se considera que no hay una afectación importante y, por ello, se adopta este comportamiento como un mecanismo de defensa. Luego, se asume un sentimiento de culpabilidad que contrasta con la siguiente fase, en la que la persona se siente víctima, pero después se experimenta una gran indignación. La persona deja las fases anteriores para reconocer que ha sobrevivido al daño y que es capaz de ver el suceso que lo dañó desde otra perspectiva.

La parábola del monje y la dama (anónima)

Dos monjes budistas, de camino al monasterio, se encontraron a una hermosísima mujer en la ribera de un río. Al igual que ellos, ella quería cruzarlo, pero las aguas estaban demasiado altas. Uno de ellos la cargó sobre su espalda y el otro se escandalizó. Durante dos horas le reclamó su osadía: ¿Cómo pudiste cargar a esa mujer? ¿Qué dirá la gente? ¡Estás desprestigiando nuestra religión! El monje ofendido escuchó pacientemente el interminable sermón y finalmente dijo: "Hermano, yo ya solté hace mucho a esa hermosa mujer, ¿la sigues cargando tú todavía?"

Los líderes pueden realizar algunas acciones para facilitar la práctica del perdón entre las personas que los siguen, como:

- Reconocer el enojo y el resentimiento.
- Clarificar el blanco del perdón. Son personas, no objetos.
- Tratar de generar oportunidades de interacción y conversación.
- Proveer momentos para mostrar afecto.
- Promover algunas prácticas organizacionales de un líder para facilitar el perdón.

- Honrar la justicia y la equidad. Muchas personas tienen dificultad para perdonar en ausencia de un acto de justicia, una disculpa o la restitución de un bien perdido.
- Trabajar a favor de la restitución de los afectados.
- Crear memorias positivas. Celebrar lo mejor del pasado y articular un brillante futuro.
- Favorecer un clima organizacional positivo y un sentido de esperanza.
- Mantener un liderazgo visible y accesible a quienes se sienten lastimados para generar en ellos confianza.
- Recopilar ejemplos de virtuosismo (generosidad, tolerancia, perdón, etcétera) y difundirlos.

¿Qué impacto tiene la práctica del perdón en las organizaciones? Las hace mejores, al elevar la calidad humana de quienes trabajan en ellas.

El perdón entre familiares que trabajan juntos

Hay quienes comparan a las empresas familiares con una bomba de tiempo, debido a la acumulación de conflictos difíciles de ventilar que se suscitan dentro de ellas. En el sistema familiar resulta normal que con el paso de los años se generen diferencias que, de no ser resueltas en su oportunidad, resurjan en otro tiempo y espacio (por ejemplo, diez años después de un conflicto familiar puede haber un problema en la empresa). Otorgar y pedir perdón es un acto inteligente y de generosidad. No deberíamos temer ser demasiado complacientes al otorgarlo.

En lo personal, he sido testigo de situaciones extraordinariamente violentas entre familiares, en las que parece no haber cabida para el perdón. Hay hijos peleados a muerte con sus padres, hermanos que quedan destrozados en lo emocional, en lo físico e, incluso, económicamente, así como matrimonios que, después de casi sacarse los ojos, han aprendido a llevar la fiesta en paz (y, en ocasiones, hasta logran la reconciliación).

Estoy convencido de que el buen resultado final de muchas de estas escaramuzas se explica en gran medida por la voluntad de pedir u otorgar el perdón. Por desgracia, también hay casos en que el perdón no se presenta. En estos casos, los resultados se vuelven incontrolables y el dolor es muy intenso. Hay miembros de empresas familiares que están atrapados en una organización con otros parientes que no toleran, pero estoy seguro que si logran el perdón encontrarán una solución mucho más sana y benéfica para todos. Hasta para separarse se requiere un mínimo de acercamiento, lo cual se puede conseguir mediante el perdón.

PARTE III

Profesionalización de las empresas familiares

Capítulo 9

Hacia la profesionalización

Ruega a Dios pero continúa remando hacia la orilla.
Proverbio ruso

Ya que en esta parte del libro hablaré sobre la profesionalización, resulta pertinente aclarar antes este concepto. Según el *Diccionario de la Real Academia de la Lengua Española*, un profesional es aquella persona que realiza su trabajo con conocimiento y aplicación y con fines de lucro.

En el deporte hay dos grupos de personas que lo practican: los profesionales y los aficionados, a quienes también se les conoce como amateurs. Los primeros suelen ser expertos en la práctica de su deporte y reciben dinero por practicarlo, de lo cual hay miles de ejemplos y en diversas disciplinas. Los aficionados o amateurs practican deporte fundamentalmente como diversión, aunque si destacan pueden aspirar a convertirse en profesionales. La diferencia entre los profesionales y los aficionados respecto del dominio de las habilidades requeridas para practicar un deporte puede ser notable. Compare usted al golfista Tiger Woods con un golfista de fin de semana, al jugador brasileño de futbol soccer Ronaldo con un jugador de futbol de una liga metropolitana, o a Ana Guevara, campeona mundial en carrera de 400 metros planos con una universitaria que corra la misma distancia sólo por afición. Algunas de las personas públicas más reconocidas y admiradas son deportistas profesionales, quienes no suelen ocultar su gran satisfacción por haber logrado brillar más que otros. Resulta evidente que los beneficios que dichos deportistas suelen alcanzar no son gratuitos, pues para obtener el éxito requirieron hacer grandes sacrificios. Un buen deportista nace, pero tiene que seguir haciéndose invirtiendo muchas horas de esfuerzo y renunciando a otras satisfacciones que ofrece la vida. No obstante, para ellos el balance es positivo y por eso eligen ese camino.

Así como los deportistas pueden ser profesionales, las organizaciones también pueden serlo si están dispuestas a pagar el alto precio que eso supone, si bien los beneficios suelen ser significativos. No pagar el precio puede significar la desaparición, por lo que profesionalizarse podría ser la única alternativa de supervivencia. A continuación (vea el Cuadro 9.1) se presentan algunas diferencias entre empresas familiares profesionales y otras que no lo son.

Cuadro 9.1 Comparación entre la empresa familiar y la amateur.

Empresa familiar profesional	Empresa familiar amateur (no profesional)
Asignación de puestos basada en capacidades, tomando a los elementos de la familia como una opción más de contratación.	Asignación de puestos basada en relaciones e intereses familiares. Puestos directivos reservados para la familia propietaria.
Dirección objetiva y racional. Existe un sistema administrativo desarrollado.	Dirección subjetiva. Carencia de método en la administración.
Toma de decisiones basada en la información.	Toma de decisiones basada en la intuición.
Existe una estructura organizacional que responde en forma adecuada a las necesidades del negocio.	Existe una estructura inadecuada que puede responder a las necesidades de familia.
Las promociones de puesto se logran debido a un buen desempeño.	Las promociones de puesto se logran manteniendo buenas relaciones con los jefes y siendo leal hacia ellos.
Existe un consejo de administración operativo.	No existe un consejo de administración operativo.
Las funciones de todo el personal están claramente definidas.	Las funciones del personal no están claramente definidas y hay ambigüedades.
Existe un plan de sucesión conocido por todos los involucrados.	No existe un plan de sucesión.
La separación entre puestos de diferente nivel jerárquico es menor (hay mayor posibilidad de ascender).	La separación entre puestos de diferente nivel jerárquico es mayor (hay menor posibilidad de ascender).
Toma de decisiones descentralizada: se delegan la autoridad y las responsabilidades.	Toma de decisiones centralizada: no se delegan autoridad ni responsabilidades.
Existe una cultura que acepta la diversidad de pensamiento.	Pensar diferente que el jefe representa una gran amenaza.
Se canalizan las inquietudes y necesidades familiares ordenadamente. Puede existir un consejo de familia que se involucre en los temas de empresa.	No existe un foro reglamentado para canalizar adecuadamente las necesidades e inquietudes de familia en relación con la empresa.
Los sucesores tienen claro que si desean incorporarse a la organización tendrán que hacer méritos.	Los sucesores perciben que serán aceptados independientemente de sus capacidades.

Empresa familiar profesional	Empresa familiar amateur (no profesional)
Existe una planeación estratégica.	Se improvisa sin un rumbo fijo.
Existe una visión clara que es compartida por todos los miembros de la organización.	La visión del negocio no está clara y los elementos de la organización la desconocen.

La profesionalización es un proceso de transformación gradual que implica un cambio de mentalidad en cada uno de los elementos de la organización. Para que este proceso sea eficaz, debe iniciarse con el compromiso de quienes se encuentran en las máximas posiciones jerárquicas. Así como para obtener una certificación de calidad (por ejemplo la ISO 9000) se requiere del compromiso del director general, también la profesionalización requiere que éste se involucre en forma total en el proceso de transformación.

Para cualquier empresa profesionalizarse significa un gran reto, pero para las empresas familiares, que suelen dejarse llevar por la inercia y les cuesta más trabajo transformarse, este proceso es más complejo. El largo periodo que ocupan los directores generales en este tipo de organizaciones es un factor que puede inhibir los cambios que exige la profesionalización.

Hay una serie de tradiciones y prácticas administrativas que dieron buenos resultados en el pasado, y por eso se piensa que deben conservarse. Un principio administrativo muy práctico establece que no hay que cambiar lo que funciona, y en general esto es cierto. No obstante, dados los cambios que sufre el entorno quizá lo que ocurre es que lo que funcionó en el pasado podría dejar de funcionar, y tal vez resulte necesario utilizar nuevos métodos y paradigmas. El gran dilema de quienes dirigen empresas familiares es decidir qué se debe cambiar y qué debe permanecer. En este tipo de decisiones suele haber enfrentamientos entre generaciones, pues por lo general la generación de mayor edad defiende la postura tradicional y la de menor edad defiende el cambio. Si los miembros de la familia son capaces de entablar un buen diálogo y analizar las diversas posturas, tomarán buenas decisiones, desechando lo que debe cambiarse e incorporando lo que demanda el nuevo entorno.

La profesionalización es un proceso de cambio gradual que se entiende mejor al conocer las diversas etapas por las que atraviesan las organizaciones y, para tal efecto, a continuación presento el tema relacionado con el desarrollo de las empresas.

Desarrollo de las empresas: evolución de las organizaciones

Para entender la marcha de la empresa familiar con respecto al tiempo, analizaré el comportamiento de las curvas de empresa, producto y familia.

Empresa: Existen varios modelos que ilustran el desarrollo de las empresas en relación con el tiempo y, por lo general, se refieren a las diferentes fases o etapas por las que atraviesan.

Peter Leach (1993) comenta que en el caso de las empresas familiares se pueden distinguir tres etapas con enfoques diferentes: a) *etapa de producto*, cuando la empresa concentra sus esfuerzos en el desarrollo de bienes y servicios, b) *etapa de proceso*, en la cual se afinan los procedimientos de fabricación y logística y c) *etapa de planeación*, en la que se utilizan técnicas administrativas de proyección como la planeación estratégica. Según Leach, las empresas que alcanzan esta última fase pueden ser consideradas profesionales.

Un modelo clásico, muy difundido y aceptado que explica las diversas fases de crecimiento que experimentan las organizaciones es el de Greiner (1998), que ilustra básicamente dos fenómenos complementarios que se presentan repetidamente a lo largo del desarrollo de las compañías y que aparece en la figura 9.1: a) *el crecimiento* (evolución) y b) *la crisis* (revolución).

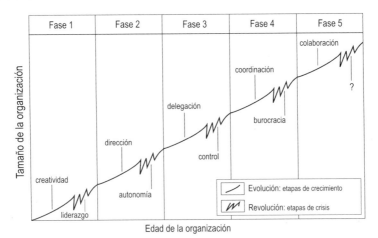

Figura 9.1 Las cinco fases de crecimiento de las organizaciones (Greiner).

El modelo explica cómo las empresas nacen gracias a la creatividad de los fundadores, quienes tuvieron el talento de aterrizar una idea y de hacerla realidad. En esta fase las empresas son muy pequeñas y su objetivo principal es sobrevivir. Esta fase también se caracteriza por el gran entusiasmo de los emprendedores. Después de cierto tiempo se presenta la primera crisis: la de **liderazgo**. Si la empresa crece, requerirá ser dirigida en forma adecuada y con una perspectiva diferente. Al salir de esta crisis se entra en otra etapa de evolución conocida como **dirección**. El director ejerce un liderazgo que proyecta a la empresa por algún tiempo hasta que los colaboradores experimentan restricciones en la toma de decisiones, lo cual da pie a la siguiente crisis: la de la **autonomía**. La dirección se ve en la necesidad de descentralizar las decisiones y delegar tanto responsabilidades como autoridad a sus colaboradores, lo cual lleva a las empresas a otra etapa de crecimiento, la de **delegación**. Pero la delegación cede lugar a la crisis de **control**, que se da justo por la pérdida de control que experimenta la organización. Esta última crisis puede superarse si se establecen sistemas de control que hagan crecer a la empresa con **coordinación**. Pero estos sistemas, si bien promueven la coordinación entre áreas, también generan una **burocracia**, que es la siguiente crisis que enfrentan las organizaciones. Sólo gracias a la **colaboración** se supera esta crisis y se logra crecer hasta enfrentar la siguiente crisis, a la que Greiner ilustra con signos de interrogación. En el caso de algunas empresas familiares, esa crisis podría ser la que origina la etapa de **sucesión**.

La curva de Greiner pone en perspectiva los problemas que enfrentan las organizaciones y, en cierto sentido, resulta esperanzadora. Si se presenta una crisis, es bueno saber que la empresa puede salir fortalecida al superarla, como lo muestra cada una de las fases de evolución.

Otra de las curvas que ilustra el desarrollo de las organizaciones es la de Churchill y Lewis (1983) que, al igual que la de Greiner, está dividida en cinco fases: existencia, supervivencia, éxito, despegue y madurez. Esta curva tiene la forma típica del crecimiento logístico, en la cual se observa un rápido crecimiento hasta llegar a un punto de inflexión donde se sigue creciendo pero a tasas cada vez menores (vea la figura 9.2).

Figura 9.2 Fases de crecimiento de las empresas (Churchill y Lewis)

Evolución de los trabajadores en América Latina

No sólo hay estudios sobre la evolución de las organizaciones, como los que se acaban de presentar, sino también sobre sus trabajadores. De la Cerda y Núñez (1993) plantean un modelo sobre la evolución de los trabajadores en México. Este modelo tiene tres fases y se puede aplicar sin problemas a los demás países de América Latina.

a) El trabajador tradicional

Basa su éxito en mantener buenas relaciones con sus jefes. Guarda las distancias, es individualista y tiene poca disposición al trabajo en equipo. Se somete a cambio de una protección paternalista. Para este tipo de empleados, el trabajo es un medio para satisfacer sus necesidades básicas y de seguridad, que describe Maslow en su pirámide. Tiene dificultades para identificarse con las normas y los objetivos organizacionales y, salvo en relación con su familia, es profundamente desconfiado.

b) El trabajador en transición (o en conflicto)

El hombre que no se contradice es porque nunca ha dicho nada.
Miguel de Unamuno

Rompió su cultura tradicional, lo que le produjo una perdida de identidad. El conflicto se origina por las oposiciones que experimenta, sea entre el individualismo y la visión de grupo que requiere la empresa, entre su familia y la organización, o entre las relaciones y el desempeño. La experiencia de trabajo en organizaciones modernas representa una gran ambivalencia y, si el trabajador es afortunado, después de un tiempo podrá evolucionar a la siguiente fase.

c) **El trabajador "organización"**

Este tipo de trabajador está cada vez más integrado a la dinámica de las organizaciones modernas; ha logrado también sustituir los valores tradicionales de la empresa por valores modernos, por lo que se interesa en el buen desempeño, el logro, la movilidad, el progreso y el desarrollo personal. Asimismo, busca la autorrealización y los logros en el trabajo, además suele ser productivo y estar satisfecho.

Ciclos de vida del producto

En esta sección me referiré a los ciclos de vida del producto, aunque debe considerarse que en este análisis también está implícito el concepto de servicio, por lo que esto se aplica a todas las empresas que brindan servicios de diversas clases. Se habla equivocadamente del ciclo de vida del producto, como si existiera un sólo patrón. En realidad, pueden existir varias curvas que dependen, entre otras cosas, de la habilidad que muestre la compañía de modificar y posicionar el producto. Ahora véase la curva "en S", que es la más conocida y que se ilustra en la figura 9.3.

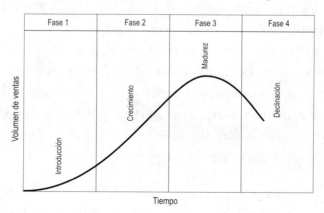

Figura 9.3 Ciclo de vida del producto (en "S").

En el modelo se observan cuatro fases. Se desarrolla un producto con la finalidad de ofrecerlo en el mercado, pues se piensa que éste puede sustituir a otros, de modo que se exponen ante los posibles compradores algunas de sus ventajas específicas (precio, funcionalidad, etcétera). En la primera fase del ciclo de vida del producto, llamada de *introducción*, el mercado no conoce el producto o no está convencido de sus bondades. Con el tiempo cada vez más consumidores lo demandarán, aunque, en comparación con los productos tradicionales, sus ventas al inicio serán menores. En la segunda etapa, la de *crecimiento*, el producto adquiere popularidad y desplaza a los productos homólogos, e incluso surgen nuevos productos que imitan sus cualidades. En la tercera fase, la de *madurez*, el producto ya ha sido exitoso, ha permanecido en el mercado por años y surgen nuevos productos con mejores características que compiten en forma agresiva contra él. Las ventas del producto comienzan a decaer. En la cuarta y última fase, la de *declinación*, las ventas van en picada y los consumidores tradicionales del producto lo sustituyen por otros. Esta curva (vea la figura 9.3) se asemeja a la del ciclo de vida de un ser vivo que nace, crece, se reproduce y muere. No obstante, las organizaciones, a diferencia de los seres vivos, tienen la capacidad de involucionar e incluso renacer de alguna manera, como se muestra en la figura 9.3, con la curva de producto de "sucesión de curvas ascendentes". En realidad, en la mayoría de los casos no se puede hablar de "el producto" sino de "clases de productos" que son susceptibles de ser modificadas y perfeccionadas.

La figura 9.4 ilustra el caso deseable por cualquier empresa familiar. La articulación entre generaciones influye en gran medida para que la curva vuelva a ascender. La entrada de la generación menor puede coincidir con las fases de maduración y de decline de producto. Si ambas generaciones tienen la capacidad de trabajar sinérgicamente, de tal manera que logren transformar el producto o la forma de ofrecerlo, podrían utilizar una curva de esta naturaleza. Se observa que la fase II (crecimiento) se extiende, y por ello se muestra subdividida.

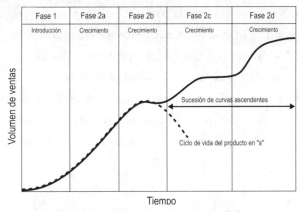

Figura 9.4 Ciclo de vida del producto (sucesión de curvas ascendentes).

Es más fácil que esto ocurra en la medida en que los jóvenes se involucran en la organización y los mayores aceptan tanto las propuestas como las nuevas formas en que éstos hacen las cosas. De este modo, los productos y servicios tradicionales que tuvieron éxito en el pasado pueden ser transformados para adecuarlos a las necesidades actuales, pero esto ocurre sólo si quienes dirigen la organización están dispuestos a asumir riesgos, permitiendo el desarrollo de innovaciones.

La curva de producto suele coincidir con la curva de desarrollo de las empresas, lo cual resulta natural. En la medida en que exista mayor demanda del producto, la empresa requerirá de más personal para satisfacer la demanda. Por el contrario, si el consumo del producto disminuye, las organizaciones se ven obligadas a reducir su personal o, al menos, a no contratar más gente. Es interesante notar que mientras las curvas de producto y de empresa suelen guardar cierta relación, la curva de crecimiento de la familia es por completo diferente.

Poza (1989) establece que las organizaciones enfrentan encrucijadas después de 25 a 30 años de operación exitosa, debido a la llegada de la nueva generación, lo que en general coincide con la fase terminal del ciclo del producto de la compañía. La generación menor suele incorporarse a la organización (o quizá ya lleva en ella algunos años) en la fase de decline del producto. Las utilidades se contraen, el crecimiento no es tan vigoroso como antes e, inclusive, hay una disminución en las ventas. Las empresas cambian sus prioridades, siendo la supervivencia la principal de ellas. Las molestias y conflictos entre los miembros de la organización y de la familia se incrementan y se comienza a experimentar nostalgia por los tiempos pasados, lo cual genera la tentación de retroceder y recuperar algunas prácticas administrativas, como centralizar funciones, reducir la participación y resistirse al cambio. Así, unos y otros se culpan del desastre. Siguiendo la idea de Poza, expondré ahora la curva de producto para entender la forma en que coincide la fase de decline del producto con la fase de desarrollo de la empresa y con la fase de entrada de la siguiente generación.

Crecimiento de la familia

Se dice que la familia crece más rápido que la empresa, lo que puede ser cierto en la gran mayoría de los casos. El concepto de familia suele tener connotaciones diversas. En muchas culturas, la familia tiende a reducirse a la llamada "familia nuclear", constituida sólo por los cónyuges y los hijos. A pesar de que haya abuelos y hermanos, para fines prácticos el grupo social familiar se reduce a los elementos antes mencionados. En América Latina, a diferencia de otras culturas, el concepto de familia es mucho más amplio. En México, 75 por ciento de los hogares están formados por familias nucleares, mientras que 22 por ciento son familias extendidas (la familia nuclear más otros parientes). Sólo tres por ciento de los hogares mexicanos está integrado por individuos no emparentados.

Los tíos y abuelos juegan un papel esencial en el desarrollo de las nuevas generaciones y, por su parte, la gran familia extendida se reúne con regularidad. Esta situación se observa en toda América Latina y es una de las cosas que más llama la atención de los visitantes de otras regiones. Si bien es posible trazar una curva que ilustre la evolución de las empresas o de los productos, resulta muy difícil trazar una curva que ilustre el desarrollo de las familias latinoamericanas, dada su gran complejidad. Esto ocurre por los siguientes motivos:

a) La *familia extendida* (abuelos, tíos, sobrinos, etcétera) constituye una red harto compleja.
b) Los *cónyuges* de los hijos (yernos y nueras) suelen ser considerados parte de la familia.

c) El *fenómeno del compadrazgo* crea nuevos lazos familiares (compadre, comadre, ahijados). El compadrazgo es una institución de México y de otros países de América Latina practicantes del cristianismo católico. Al bautizar a un recién nacido, los padrinos asumen el compromiso de cuidar a su ahijado en ausencia de los padres. Desde ese momento se construye una relación más cercana, de corte familiar, en la que se supone existe una obligación moral de apoyarse mutuamente. Esto incluye la posibilidad de dar trabajo al compadre o a sus hijos. La situación del compadrazgo es aún más complicada, pues además del compadrazgo por bautizo existe el que se da por la primera comunión, los quince años, las bodas, etcétera. Por si esto fuera poco, en cada evento de los mencionados podría haber, según sea el caso, padrinos de pastel, de viaje, de arras, de fiesta, de vestido, etcétera.

d) *Integración a la familia de amigos y visitantes* de otras regiones. Uno de los grandes valores de la cultura latinoamericana es el de la generosidad. En ese sentido, es posible que se incorporen a la familia los amigos fraternales, quienes en muchas ocasiones pueden jugar el papel de tíos.

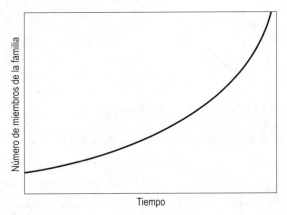

Figura 9.5 Curva de crecimiento de la familia.

Como es posible observar en la figura anterior, el crecimiento natural de una familia es de orden exponencial y, a pesar de la mortandad, las familias crecen con el paso de los años. En algunos países (por ejemplo, en algunos países europeos) la tasa de crecimiento poblacional se aproxima a cero, e incluso es negativa. En América Latina ese índice es cercano a 1.5 por ciento. Por las razones expuestas, resulta claro que no se requiere de la consanguinidad para hacer familia. Es preciso entender que en nuestra cultura es posible que una sola persona pertenezca a la vez a varias familias.

Superposición de las curvas de familia, empresa y producto

En la figura 9.6 se exponen las curvas de producto correspondientes a la sucesión de curvas ascendentes, así como a las de crecimiento de la empresa y de la familia. La figura ilustra en el eje horizontal superior tres fases que ilustran el sistema de propiedad (propietario único, sociedad de hermanos, consorcio de primos), basado en el modelo tridimensional de Gersick, et al. (1997).

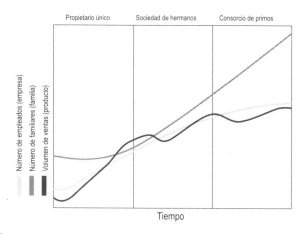

Figura 9.6 Curvas de empresa, familia y producto.

Cabe aclarar que no es necesario que las empresas pasen de tener un propietario único a ser sociedades de hermanos o, posteriormente, consorcios de primos. Podría, por ejemplo, presentarse el caso de que se mantenga la figura del propietario único en las tres fases.

Dado que el subsistema de familia dentro de la empresa familiar ejerce un importante impacto en la organización, en la medida en que crece la familia la presión puede ser mayor. Por eso, es importante que la empresa familiar no se deje doblegar por estas presiones y mantenga un equilibrio sano entre empresa, familia y propiedad, como mostraré en el siguiente capítulo.

Capítulo 10

Modelo de articulación dinámica de la empresa familiar

No hay nada más práctico que una buena teoría.
Kurt Lewin

Ha quedado claro que una empresa familiar tiene características que la hacen diferente de otras organizaciones. Por ello, para lograr su profesionalización, las empresas deben realizar algunas acciones que contemplen no sólo el subsistema de empresa, sino también los subsistemas de familia y de propiedad. Para comprender esta idea podemos auxiliarnos del modelo de articulación dinámica de la empresa familiar, que se deriva del *modelo de equilibrio entre empresa y familia,* representado por un barco en navegación (vea el *Capítulo 1*). El modelo del barco es simple de retener, ya que establece una analogía con la empresa familiar (vea la figura 10.1). Ese modelo sirve de base para ilustrar el *modelo de articulación dinámica* que desarrollé y que se explica en este capítulo.

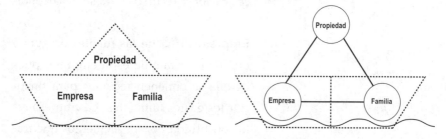

Figura 10.1 Del modelo de equilibrio al de articulación dinámica.

El modelo de articulación dinámica de la empresa familiar (vea la figura 10.2) ilustra el balance y la articulación que deben existir entre la propiedad, la empresa y la familia. Las variables de liderazgo, control y compromiso mantienen unidas estas tres fuerzas. En el centro del modelo aparece el concepto de armonía, el cual, desde una perspectiva holística, es la variable que mantiene el balance y la articulación entre las otras variables del modelo.

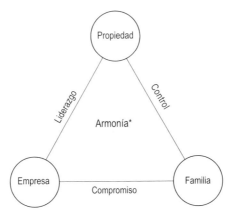

* Balance y articulación entre sistemas (empresa, familia y propiedad)

Figura 10.2 Modelo de articulación dinámica de la empresa familiar.

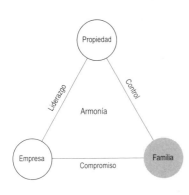

Familia: Este círculo representa esencialmente a las personas que pertenecen al mismo grupo sanguíneo que controla la empresa, a los cónyuges e hijos, incluidas sus necesidades, aspiraciones e inquietudes. La familia, como sistema, aspira a apoyar a cada uno de sus miembros y les brinda protección, cariño, seguridad, educación y recursos para su desarrollo.

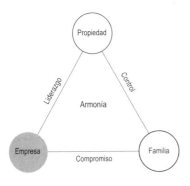

Empresa: Una de las fuentes de apoyo que tiene la familia es la empresa, pues de ella se obtienen recursos para financiar los gastos familiares. La empresa está constituida por los elementos que trabajan en la organización (incluidos los miembros de la familia), sus instalaciones, productos y servicios.

Por su parte, la empresa recibe el apoyo de la familia, pues algunos de sus miembros ocupan puestos en ella, invierten recursos también en ella, capitalizan sus relaciones, etcétera.

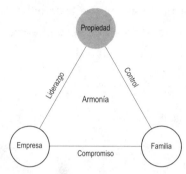

Propiedad: Para Williams (1992), la propiedad de una organización es un tema de orden legal. La propiedad de un bien da el derecho de usarlo para obtener beneficios de él. En el caso de una empresa, esto implica que puede gozarse de las utilidades que ella proporcione o incluso intercambiarse.

Sin embargo, se está obligado a asumir las consecuencias negativas que esto pudiera generar. La posesión efectiva de un bien no debe reducirse a una situación legal. Existe la expresión *espíritu de la propiedad*, que consiste en hacer el mejor uso de la propiedad no sólo para quien la posee, sino también para todos los que resulten afectados.

Algunos conceptos sobre la propiedad

La propiedad representa el esquema accionario de la empresa. En el caso de las empresas familiares, los accionistas suelen ser uno o varios miembros de la familia. Este esquema puede tener diversas modalidades y afecta directamente los resultados de los subsistemas de empresa y de familia, y ello a su vez influye en la forma de tomar decisiones. La mayoría de las empresas tiene un solo propietario, aunque existen cada vez más organizaciones controladas por más de un accionista, como son las sociedades de hermanos y, aunque en menor grado, los consorcios de primos (Gersick, *et al.*, 1997). Hay formas mixtas de propiedad, que son más frecuentes en la medida en que las organizaciones evolucionan y crecen. Ejemplos de éstas son la figura del socio mayoritario en combinación con varios minoritarios, los propietarios con y sin derecho a voto y las acciones en manos de fideicomisos.

Los propietarios tienen un interés especial en maximizar el valor de su empresa y buscan que el valor de sus acciones sea mayor para también incrementar su riqueza. Por otro lado, suelen esperar dividendos, por ser una fuente de liquidez; así que cuando tienen la intención de reinvertir las utilidades, ésta (es decir, la intención) a menudo es cuestionada. De hecho, uno de los principales problemas entre quienes poseen y quienes administran las organizaciones (que en muchas ocasiones se trata de las mismas personas) tiene su origen en las discusiones que se dan para decidir si las utilidades se han de reinvertir o si serán repartidas entre los accionistas en forma de dividendos.

Los temas relativos a la propiedad son complicados y difíciles de abordar, principalmente cuando se trata de las llamadas transferencias accionarias.

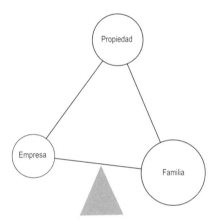

Figura 10.3 Desbalance entre empresa familia y propiedad.

Balance entre sistemas

En cierto sentido, el balance entre fuerzas ya fue ilustrado a manera de analogía en el modelo del barco que aparece en el *Capítulo 1*, pero ahora lo presento desde un ángulo diferente. En la figura 10.3 se observa un desbalance entre los tres elementos: *empresa, familia* y *propiedad*. En este caso, la familia tiene un peso desproporcionado en el modelo, lo que significa que domina el sistema. Esta situación puede deberse a varias causas, entre las que se encuentran la inclusión desmesurada e inadecuada de parientes en ella (familismo), una asignación de recursos para la familia que excede las posibilidades de la empresa, una retribución a los miembros de la familia que obedece más a los lazos de consanguinidad que al cargo, el desempeño y el talento, entre otras cosas. En la parte baja del modelo aparece un fiel de balanza (triángulo), que hace evidente el desbalance del sistema.

Las variables de articulación

Los subsistemas de empresa, familia y propiedad, que forman parte de la empresa familiar, deben articularse coherentemente. El modelo plantea que las variables compromiso, liderazgo y control (ver figura 10.4) son capaces de mantener unidos y articulados dichos subsistemas, como se explica a continuación:

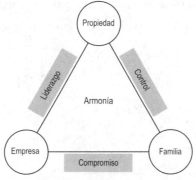

Figura 10.4 Las variables de articulación.

a) Con un liderazgo apropiado a las características de propiedad y de empresa, los propietarios, directores y trabajadores en general se mantendrán relativamente unidos y perseguirán un mismo objetivo común: hacer una empresa fuerte, que sea rentable para los accionistas y un buen lugar para trabajar.

b) Con el compromiso de la empresa hacia la familia y de la familia hacia la empresa ambos subsistemas se mantienen cohesionados, por lo que es más difícil que se enfrenten. En este caso es mayor el grado de involucramiento de las personas relacionadas con la organización.

c) Con el control de la familia sobre la empresa, la primera garantiza que sus sueños, valores y deseos se reflejen en la segunda. Así, la familia puede estar segura de que la expresión de la familia a través de la empresa será la adecuada. Sin embargo, hay que considerar que también puede existir un control de la propiedad sobre la familia en tanto ésta garantice que los intereses individuales y de carácter familiar no afectarán a la empresa. De esta forma se presenta un control en ambos sentidos.

Desarticulación entre variables

Lo deseable es que exista una relación articulada entre los distintos subsistemas, lo cual va de acuerdo con los intereses de la familia y de la empresa. Esta situación queda ilustrada en la figura 10.5, donde se observa que cada uno de los subsistemas (círculos) tiene la misma dimensión. Sin embargo, esto no garantiza que los tres elementos estén bien articulados.

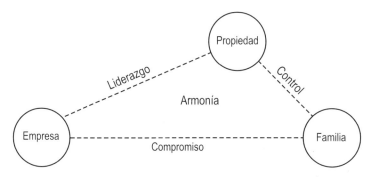

Figura 10.5 Desarticulación entre variables.

En el modelo de la figura 10.5 se muestra cómo, a pesar de que existe un buen balance entre subsistemas, la articulación entre ellos es deficiente, dado que las ligaduras son inapropiadas y no guardan una relación adecuada entre ellas.

Compromiso (empresa ← → familia)

El término compromiso puede tener un significado diferente en cada caso y puede ser utilizado en situaciones muy variadas. Es común escuchar esta palabra en campañas políticas y en lemas publicitarios, y puede referirse a individuos, a instituciones y a naciones. De acuerdo con el *Diccionario de la Real Academia Española*, "compromiso" significa "obligación contraída, palabra dada, fe empeñada". En otras palabras, se trata de un deber moral o psicológico adquirido por una persona o una institución.

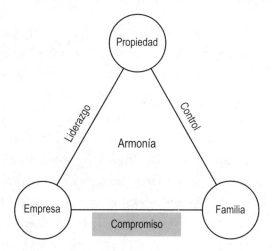

La palabra proviene del latín *cum* (con) y *promittere* (prometer). Es posible encontrar palabras afines en diccionarios de sinónimos como son: obligación, deber, pacto, convenio. Todos estos conceptos dejan entrever una carga moral adquirida hacia una persona o grupo social.

Desde hace años Arias Galicia (1990), estableció una distinción entre el contrato legal de trabajo y el psicológico. El hecho de que una persona esté obligada formalmente a desempeñar una función dentro de una empresa, no hace que se ligue a ella afectivamente. Podría trabajar con disgusto y desprecio hacia la organización, en cuyo caso se esperaría un rendimiento menor.

En el *modelo de articulación dinámica de la empresa familiar* aparece la variable "compromiso" entre los subsistemas de familia y de empresa, lo cual significa que debe existir un pacto moral para que exista una articulación adecuada entre la familia y la empresa, esto es, que haya un compromiso mutuo entre la empresa y la familia. Hay investigaciones que demuestran que existe una correlación entre el compromiso de los trabajadores hacia la empresa y el compromiso de la empresa hacia los trabajadores. Difícilmente los empleados se comprometerán con las organizaciones para las que trabajan si perciben que éstas no se comprometen con ellos. Lo mismo sucede en el caso de la empresa y la familia: el compromiso debe existir en ambos sentidos.

Compromiso de la familia hacia la empresa (familia → empresa)

En las primeras fases de la creación de las empresas familiares es más fácil observar el compromiso de los miembros de la familia con la empresa. Suele haber conciencia de que es necesario entregarse completamente a ella para lograr su supervivencia y, por ello, es común observar que el fundador, su cónyuge y los hijos trabajen intensamente, incluso sin recibir remuneración alguna. En esos primeros momentos de la vida de la empresa, la ilusión, los sueños y los planes pueden ser un pago atractivo para personas comprometidas que saben que la organización no es capaz, al menos por el momento, de retribuirlos económicamente. El compromiso de la familia se observa en diversas situaciones, como en la asignación de recursos, de atención y de tiempo. Cuando existe compromiso, se acepta el sacrificio que implica invertir más dinero en el negocio a costa de que la familia reciba menos recursos, y se entiende la ausencia de quienes trabajan cuando, se supone, deberían estar con la familia.

El compromiso de la familia hacia la empresa no es algo que surja espontáneamente ni que se pueda inducir con un sermón sobre lo mucho que el negocio hace por cada uno de sus miembros. El compromiso se logra en la medida en que cada elemento de la familia percibe que lo que viene de la empresa es bueno. Al decir *bueno* me refiero no sólo a la riqueza material que la compañía generará y que se compartirá con la familia, sino también a otras cosas importantes, como la posibilidad de ofrecer desarrollo profesional a los familiares. No es fácil que los miembros de una familia se sientan comprometidos hacia su empresa si la perciben como rival, si ésta les quita momentos de felicidad y les genera problemas interpersonales. ¿Qué compromiso puede sentir un cónyuge que siente que compite contra la empresa por los recursos que se generan, por no hablar del tiempo y el cariño de su pareja? Una esposa puede discernir que depende económicamente de la empresa, pero quizá eso no sea suficiente para lograr el compromiso de su parte, teniendo en cuenta que le quita muchas otras cosas, entre ellas la compañía de su cónyuge.

El nivel y la naturaleza del compromiso que la familia tiene en las etapas de expansión y madurez de la empresa pueden ser distintos a los que tuvo en la fase inicial. En las etapas de expansión y madurez la empresa ya ha logrado sobrevivir y, en la mayoría de los casos, ha crecido significativamente desde su fundación. Muchas organizaciones en expansión y maduras son interesantes para los miembros de la familia por representar una buena opción de desarrollo y ser una fuente de recursos. El compromiso de los miembros en estas etapas debe ser total; si éste no existe, es fácil que los intereses personales se antepongan a los intereses de la empresa, lo cual generará caos en la operación del negocio. A continuación se ilustran algunas formas en que la familia puede comprometerse hacia la empresa (vea Cuadro 10.1):

Cuadro 10.1 Compromiso de la familia hacia la empresa.

No presionando para que los parientes resuelvan sus problemas para conseguir trabajo al incorporarlos a la empresa.
Permitiendo que quienes laboran en la empresa lo hagan con dedicación, sin reclamarles en forma injustificada su ausencia en los espacios familiares por dedicarse al trabajo.
Poniendo en segundo término exigencias personales y dando prioridad a los intereses de la empresa.
Aceptando que las utilidades sean reinvertidas en vez de recibir dividendos.
Dejando para el año que viene, por ejemplo, la remodelación de la casa o el cambio de coche, para permitir que la empresa se fortalezca.
Sacrificando las vacaciones para responder a las necesidades del trabajo.
Adoptando una visón empresarial de largo plazo.
Respetando las decisiones empresariales.

Compromiso de la empresa hacia la familia (empresa → familia)

Una frase, producto de la sabiduría popular, que ilustra la importancia de invertir en la empresa antes que destinar los recursos para otros fines es la siguiente:

El negocio puede dar para la casa, pero la casa no puede dar para el negocio.

Es claro que el dinero se vuelve productivo y es capaz de generar más dinero si se destina a la empresa, pero si se deja desprotegida a la familia con la promesa de que algún día habrá recursos, puede ser perjudicial tanto para la familia como para la empresa. Si la familia considera que está haciendo un sacrificio improductivo, difícilmente se logrará su apoyo. En la medida en que la empresa se comprometa hacia la familia, ésta se comprometerá con aquélla, por lo cual la empresa debe estar pendiente de las necesidades de la familia. Una de las formas más evidentes del compromiso de la empresa hacia la familia es la generación y transmisión de recursos para la familia, pero hay otras formas de compromiso, como respetar y reflejar tanto los valores como las creencias familiares en el desarrollo del negocio, dar oportunidad de trabajo a elementos brillantes de la familia (en caso de que sea conveniente) o proyectar de modo adecuado el nombre de la familia en el entorno de los negocios. A continuación se describen tres formas en que una empresa se puede comprometer hacia la familia

Compromiso en la transferencia de recursos

Cuidando de llevar al extremo la frase "el negocio puede dar para la casa, pero la casa no puede dar para el negocio", y no dejar para la familia ni siquiera lo indispensable. Hay casos en que los miembros de la familia guardan rencor a la empresa (en ocasiones a los padres o a los cónyuges) por no haber recibido apoyo en el momento que lo necesitaban. Esto ocurre cuando, por crear una empresa sólida, se llegó a sacrificar la educación y las oportunidades de los hijos.

> *No había para que estudiaras en una mejor escuela... no había para vivir en una casa más amplia, no había para tomar de vez en cuando unas vacaciones... no había para que tomaras tus clases de piano... no había para que condujeras un coche más nuevo y seguro.*

Al final del día, los no había pueden explicar el fortalecimiento de una gran empresa que no fue capaz de darle a la familia lo que requería en el momento en que lo necesitaba. Hoy podría ser muy tarde, según opinan algunas personas que han vivido situaciones semejantes, como se ilustra en el siguiente diálogo:

Don Raúl: El tiempo me dio la razón. Mi familia y yo nos apretamos el cinturón durante muchos años y hoy podemos vivir tranquilos, gracias a lo que hemos ahorrado y a que construimos una gran empresa. Lamento que Ema no entienda el sacrificio que todos hicimos, no es justo que sea tan malagradecida conmigo.

Ema (hija de don Raúl): Mi padre era un tacaño. No era capaz ni siquiera de invitarnos de vez en cuando al cine, por no gastar su dinero. Llegaba a casa y nos apagaba casi todas las luces para ahorrar electricidad. Su obsesión por el ahorro nos hizo muy infelices durante mucho tiempo. Hoy tiene una gran empresa y trata de compensar con excesos las carencias que tuvimos en otros años, pero es demasiado tarde.

No tomaré partido por ninguno de estos personajes, pues cada uno tiene su versión de la historia.

Compromiso con el respeto a los valores familiares

Hace años, cuando realizaba mis estudios de doctorado, llevé a cabo una investigación sobre los valores en las empresas. Uno de los hallazgos de esta investigación fue que los valores de la familia coinciden en un mayor porcentaje en las empresas familiares que en las no familiares. Además de los valores, pueden verse reflejados en la operación diaria de la empresa la cultura y los intereses generales de la familia. Una forma de compromiso de la empresa hacia la familia es el respeto cabal a sus valores. Se dice que la razón de ser de las empresas radica en la generación de riqueza. En el caso de las empresas familiares esta premisa es cierta, aunque la creación de una empresa también representa una forma de expresión de la familia. Si la familia quiere expresarse a través de la empresa pero no es consistente al operarla, el compromiso de la familia hacia la empresa es pobre.

Piense en el caso de una familia que se ha desarrollado en el área de la educación. La comunidad ubica a esa familia como un grupo honorable y comprometido de maestros y ejecutivos, dedicados a difundir la cultura. Supongamos que, por circunstancias diversas, surge la posibilidad de invertir en un excelente negocio: ¡Un cabaret! Uno de los institutos que posee la familia se encuentra ubicado en una zona inmejorable para un negocio nocturno, y según el plan de negocio presentado por un experto en el ramo, el cabaret podría triplicar las ganancias de la escuela. Si la familia respondiera únicamente a la idea de generación de valor económico, accedería gustosa al proyecto, una situación que para algunos resultaría difícil siquiera de imaginar.

Lo mismo podría suceder con familias que han estado relacionadas con el sector del cuidado de la salud. Imagine que algunos miembros de la familia son médicos y que poseen farmacias y clínicas. Ahora, suponga cómo reaccionarían ante la idea de cambiar clínicas y farmacias por expendios de alcohol y tabaco.

Mi deseo aquí no es entrar en discusiones de índole moral ni insinuar que no deberían existir los negocios antes descritos, tan sólo deseo ilustrar el compromiso de la empresa hacia la familia, pues cuando hay compromiso la expresión familiar se contempla en las decisiones empresariales. Para finalizar el tema del compromiso en el contexto del modelo de articulación dinámica de la empresa familiar, concluyo que el cambio que implica la profesionalización en las empresas se complica aún más por no existir un vínculo sólido entre la empresa y la familia, el cual está representado por el compromiso en ambas direcciones.

Liderazgo (empresa ← → propiedad)

Casi por regla general, la dirección en las empresas familiares está ligada a la propiedad del negocio. De hecho, existe un concepto de organización parecido al de la empresa familiar, que es la *empresa dirigida por los propietarios (ownermanaged business)*. Como se ha visto con anterioridad, varios especialistas definen a la empresa familiar como una organización que es controlada (propiedad) y dirigida (empresa) por miembros de una familia. La forma o estilos de dirigir una empresa depende de muchas circunstancias, entre las que se encuentran la naturaleza del líder y del grupo dirigido, el contexto especial de la industria y las características tanto de la empresa como de su sistema de propiedad.

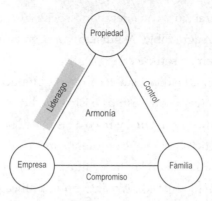

Los problemas que enfrentan los directores de empresa se relacionan con aspectos técnicos y humanos. Los problemas humanos son más complejos y difíciles de resolver que los técnicos, pues aunque estos últimos puedan ser resueltos aplicando una tecnología desarrollada y vanguardista, se requiere un grupo de hombres que la apliquen.

El *liderazgo* es la dimensión que explica la forma en que se ejerce el mando o la autoridad sobre otros para alcanzar un objetivo determinado, y es también el campo más estudiado en la disciplina de la administración. Existen varios modelos que describen estos diversos estilos, aunque en general coinciden en que éstos van desde formas autoritarias hasta formas participativas. Uno de los modelos más conocidos es el que plantea Fiedler. En dicho modelo se explica que quien dirige a un grupo de personas puede responder a dos dimensiones opuestas, pero potencialmente complementarias.

a) **Enfoque hacia la tarea:** Quienes se enfocan hacia la tarea son cuidadosos en fijar tiempos, normas, procedimientos y controles. Supervisan, verifican y evalúan el trabajo, y corrigen desviaciones si los resultados no son los esperados. Este enfoque guarda cierta relación con la *Teoría X* de Douglas McGregor, en la que se asume que el hombre necesita presión y guía para llevar a cabo su trabajo.

b) **Enfoque hacia las personas:** Quienes tienen este enfoque buscan mantener relaciones armoniosas con su grupo de trabajo, se preocupan por conservar una buena comunicación y están centradas en el bienestar humano. Por lo general, estas personas integran grupos de trabajo, comparten decisiones, motivan a las personas para que realicen su trabajo y consideran indispensable que se mantenga un clima laboral agradable. Asimismo, conocen las necesidades de los demás e intentan satisfacerlas

En su modelo, Fiedler establece que la interacción de las dos dimensiones puede crear cuatro estilos básicos de liderazgo. El estilo autoritario se enfoca mucho a la tarea y poco a las relaciones humanas, en tanto que el estilo participativo tiene en cuenta ambas dimensiones. El estilo conciliador se enfoca poco en la tarea y mucho en las relaciones humanas, mientras que el estilo apático/ausente no se enfoca en ninguna de las dos. Esta relación de estilos se observa en la figura 10.6.

Figura10.6 Estilos de Liderazgo (Fiedler).

Ambos enfoques (hacia las tareas y hacia las personas) son necesarios para las organizaciones y, según Hersey y Blanchard, el estilo de liderazgo que se aplique en la empresa dependerá de la madurez del grupo, como se describe en el cuadro 10.2.

Cuadro 10.2 Madurez de grupo y estilo de liderazgo sugerido.

Madurez del grupo*	Enfoque a tarea	Enfoque a	Estilo	Acciones
Muy inmaduro (M1)	Alto	Bajo	Autoritario	Ordenar
Inmaduro (M2)	Alto	Alto	Participativo	Persuadir
Maduro (M3)	Bajo	Alto	Conciliador	Convencer
Muy maduro (M4)	Bajo	Bajo	Apático o ausente	Delega

* Hersey y Blanchard establecen niveles de madurez de M1 (baja) a M4 (alta).

Los sistemas de familia y de empresa son el centro del análisis de los negocios familiares. Por un lado, es posible analizar el comportamiento de la empresa como orientado a la tarea, donde se pretende la generación de beneficios económicos; por el otro, al examinar el comportamiento del sistema familiar dentro de la empresa, es posible observar la gran influencia de las relaciones emocionales que conforman el proceso familiar.

El problema de la causalidad en el liderazgo

Cuando se espera mucho de un individuo, éste puede ponerse a la altura de las circunstancias y convertir el sueño en realidad.
Elberth Hubbard

Según la teoría de Hersey y Blanchard, el estilo de liderazgo debe adecuarse a la madurez del grupo mediante una relación causal, donde la causa es la *madurez del grupo y el efecto es el estilo de liderazgo*. Analice la posibilidad de invertir esa relación. ¿Será posible propiciar la evolución de un grupo aparentemente inmaduro si se adopta un estilo prescrito para grupos maduros? En mi opinión esto es perfectamente posible, aunque no se hace con la debida frecuencia.

Para aclarar esta postura me referiré al caso de empresas familiares intergeneracionales, en las que muchas veces los padres estiman que sus hijos son inmaduros, y los tratan como tales. Los padres no confían en sus hijos, por lo que les dejan poco espacio para desarrollar sus iniciativas y no les permiten participar en las decisiones de la empresa; si bien esta actitud de los padres puede ser adecuada en determinadas circunstancias, no lo es en la mayoría de los casos.

Al líder de una organización no le sería fácil construir un grupo de trabajo maduro e involucrado con los fines de la empresa si trata a sus subordinados como seres inmaduros, utilizando estilos autoritarios. Vale la pena arriesgarse y asumir estilos que impliquen mayor participación, aun teniendo en cuenta que el grupo no es del todo maduro. De esta manera puede ocurrir un milagro: *que al dirigirlos como si fueran profesionales terminen siéndolo.*

Los líderes de empresas familiares han tenido fama de ejercer una dirección autoritaria en sus organizaciones. De hecho, existen investigaciones que indican que el liderazgo empresarial en América Latina es esencialmente autocrático (de la Cerda y Núñez, 1993). Muchos directores de estas empresas han asumido papeles que se parecen más al que desempeñan los padres dentro de familias tradicionales, típicamente patriarcales. En las familias tradicionales de cultura latina, los padres y madres suelen educar a sus hijos con ciertos tintes autoritarios, aunque esto es algo cada vez menos frecuente. Una muestra de ello es la gran importancia que se le da al valor de la obediencia, incluso más que otros valores, como el de la honradez. Como comenta Díaz Guerrero (1970), un padre mexicano podría estar muy orgulloso de que su hijo gane una pelea callejera, pero al mismo tiempo lo podría reprender por su mala conducta.

Compare la forma en que nos educaron nuestros padres con la forma en que fueron educados ellos y la forma en que hemos educado a nuestros hijos. Actualmente, los papeles que se desempeñan dentro de la familia se han flexibilizado. El padre suele participar más en las actividades de sus hijos, y también auxiliar en las labores de la casa. La mujer aporta cada vez más al sustento del hogar y los hijos participan más en las decisiones que tienen que ver con su desarrollo, incluso desde muy pequeños. A pesar de que la institución de la familia se ha vuelto más flexible, conserva un sentido autoritario, sobre todo en lo que se refiere a la educación de los hijos. A los hijos se les impone la religión, el idioma y las costumbres, además de que se intenta transmitirles determinados valores y, si no se comportan según lo esperado, sufren las consecuencias. Joan Manuel Serrat, en una de sus bellas canciones *(Esos locos bajitos)* lo expresa magistralmente, (la primera estrofa de la letra de esta canción se reproduce en el capítulo 12). El respeto de los hijos a la autoridad de los padres no es negociable, y es una piedra angular en la educación de los hijos.

Resulta evidente que cuando se cambia la dinámica de la familia, como se ha visto en este análisis, también la dinámica de la empresa cambia. En la actualidad, la empresa familiar latinoamericana está en una fase de transición de estilos de liderazgo autoritarios a estilos de liderazgo participativos.

Control (familia ← → propiedad)

Los propietarios de las empresas familiares suelen desear que sus empresas permanezcan en manos de la familia. Hay veces que se establecen algunos candados legales y diversos mecanismos para que la familia continúe con el **control** de la empresa si la vende a externos; por ejemplo, la familia puede perder la mayoría accionaria pero conservar el control si transfiere sus acciones sin otorgar el derecho a voto a las personas que son ajenas a la familia. Una preocupación de la familia propietaria puede ser garantizar la posesión de las acciones de la empresa, porque si lo logra podría proteger mejor a sus miembros y, al mismo tiempo, asegurar la buena marcha de la organización.

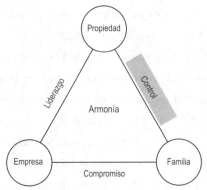

Esta situación no siempre es cierta, en especial si los accionistas no son capaces de interactuar con armonía. Esto puede dar origen a luchas internas por el control entre socios con participaciones importantes, o también entre accionistas minoritarios. Los miembros que conservan una participación pequeña podrían sentir desesperación al percibir que no tienen peso en las decisiones de la empresa, que no reciben los dividendos que a su juicio deberían obtener, que tienen mayor dificultad para convertir sus acciones en liquidez, entre otros motivos. En este último caso, los miembros de la familia que podrían comprar sus acciones, suelen hacer ofertas inferiores al valor de mercado de las acciones en venta, lo cual ocurre por varias razones.

Los propietarios minoritarios pueden quedar atrapados en las organizaciones, pero a la vez que son víctimas pueden crear muchos problemas. Dadas todas estas situaciones, se concluye que la familia debe ejercer un control inteligente y eficaz sobre la empresa.

Quienes tienen la posibilidad de transferir acciones (principalmente el fundador) a otros miembros de la familia, deben tratar de que la forma en que se ejerza el control sobre la propiedad no afecte la marcha del negocio. Si se desea proteger a los miembros de la familia y ser "justo", esto no debe ser arriesgando el negocio. Puede haber formas eficaces de proteger a la familia sin necesidad de optar por una configuración de propiedad que lleve a la organización al caos. Se podría, por ejemplo, compensar con otro tipo de bienes a quienes no trabajarán en el negocio. Hay una regla no escrita, que muchas familias siguen para garantizar una herencia equitativa y que a la vez proteja a sus negocios: los hijos deben quedarse con las empresas para seguirlas operando, y las mujeres deben conservar los otros bienes y el capital equivalentes al valor de la empresa. No estoy sugiriendo que esta regla sea obligatoria o infalible, únicamente pongo de manifiesto la importancia de garantizar un control adecuado sobre la propiedad para que la organización opere exitosamente.

En el modelo tridimensional expuesto anteriormente, se establece que la dimensión de propiedad puede adoptar tres formas: propietario único, sociedad de hermanos y consorcio de primos.

La propiedad determina en buena medida la forma en que se dirige la empresa. En el caso de la sociedad de hermanos y el consorcio de primos existirá la tendencia a compartir decisiones de carácter estratégico. Por el contrario, en el caso del propietario único, habrá una mayor centralización de decisiones. Una de las grandes discusiones en materia organizacional radica en decidir si es conveniente dividir la propiedad o dejarla en manos de una sola persona o, al menos, dejar a dicha persona la mayoría accionaria, lo que permitiría que una sola persona pudiera decir la última palabra en caso de discrepancias.

Hay opiniones que estiman que la división de la propiedad no es la mejor opción, porque se pone en peligro la armonía y el rumbo de la organización. Quienes piensan así, estiman que dividir la propiedad respondiendo únicamente a los intereses de la familia puede ser contrario a los intereses de la empresa. Por otro lado, hay quienes consideran que es adecuado que las empresas tengan más de un dueño, de modo que la autoridad, la responsabilidad y la riqueza se puedan distribuir entre varios miembros de una misma familia.

Los fundadores de empresas que planean la sucesión suelen dudar sobre la forma de transmitir sus posesiones en relación con la empresa. Por un lado quieren ser justos con la distribución de sus bienes y, al mismo tiempo, desean que sus empresas sigan siendo exitosas. El sistema de propiedad determinará significativamente el destino de la organización, por lo que habrá que tener en cuenta que una decisión que responda únicamente a las necesidades del subsistema familiar podría arruinar a la empresa. Desde otra óptica, si se ignora el subsistema familiar y la propiedad se concentra en una sola persona, por considerar que es la forma más eficaz para administrarla, se podrían dejar desprotegidos a los miembros de la familia restantes.

Desde mi perspectiva, es preciso tomar en consideración varios factores antes de decidir el esquema de propiedad, tratando de conciliar los intereses de la empresa y la familia.

En el futuro, para bien o para mal, veremos cada vez más propiedades empresariales compartidas, como es el caso de las sociedades de hermanos. Para los conservadores de la administración esto sólo significa que habrá más monstruos de varias cabezas. Para los vanguardistas, éstas serán organizaciones más democráticas y plurales, capaces de responder mejor a los intereses de más miembros de la familia.

Armonía

Toda la música desafina cuando el alma está fuera de tono.
Miguel de Cervantes

El modelo de articulación dinámica de la empresa familiar tiene en su centro el concepto de armonía, y antes de dar cualquier explicación me remitiré a la etimología del término. La etimología sola aclarará por qué es necesario incluir este concepto en el modelo. La palabra "armonía" proviene del griego *harmós*, que significa concordancia, ajuste. En el siglo XIV surgió un nuevo concepto de armonía asociado con la música, cuyo significado es "combinación de sonidos agradables" y junto con la melodía y el ritmo constituyen las tres dimensiones de la música. La armonía es capaz de hacer que varios sonidos de diversa naturaleza se oigan, en cierto sentido, como si fuera uno solo.

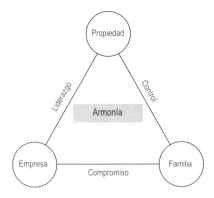

¿Qué connotación tiene el concepto musical de *armonía* en relación con la empresa familiar? Sin duda tiene que ver con la combinación de sonidos agradables emitidos por los diversos subsistemas: *empresa, familia y propiedad*. Así como una sola nota discordante puede echar a perder la armonía en una orquesta, un mal ajuste entre estos subsistemas tendrá resultados negativos. El concepto de armonía aparece en el centro del modelo, pues tiene que ver con la relación que guardan cada una de las variables de la articulación (liderazgo, compromiso, control) y con el balance entre los subsistemas de empresa, familia y propiedad. De acuerdo con esta analogía del concepto de armonía en el sentido musical, cada una de las variables de articulación y los subsistemas deben tocar sonidos en forma armónica. ¿Cómo se percibiría el sonido de un liderazgo autocrático, con un sistema de propiedad compartido? ¿Serían compatibles las notas de una empresa que no tengan el compromiso de la familia? Las respuestas a estas preguntas dan cuenta de situaciones no armónicas.

El clima organizacional como elemento de armonía

Otro concepto relacionado con el de armonía, que ya fue expuesto en el modelo de articulación dinámica, es el de clima organizacional. Un clima laboral positivo se relaciona directamente con el concepto de armonía previamente descrito. El clima organizacional se define como la manera en la cual las personas perciben e interpretan el medio circundante (James y James, 1989). Los miembros de las generaciones menores se quejan de laborar bajo un clima de trabajo carente de estímulos y libertad de actuación, el cual les impide desarrollarse; por su parte, las generaciones mayores suelen quejarse de la falta de compromiso de las menores. En las siguientes líneas se ilustra una situación muy común entre empresas intergeneracionales:

Padre (director): Yo a tu edad mantenía a toda una familia, trabajaba 14 horas diarias y mi compromiso hacia la empresa era total. No puedo entender que le tengas tan poco cariño al negocio y que no te involucres lo suficiente, si vives de esta empresa. Además, sabes que todo esto será tuyo algún día.

Hijo (gerente): Esa cantaleta ya la sé de memoria. Yo sigo pensando que no puedo trabajar a gusto si no tengo la libertad de poner en práctica lo que creo debe hacerse. Todo lo que propongo te parece mal, cambias todo lo que decido y no respetas los acuerdos que tomamos. Primero me gritas enfrente de los clientes y empleados y luego esperas que el enojo se me quite en unos minutos, pero el daño ya está hecho...

Existe una relación entre las tensiones de tipo familiar y la percepción de un clima laboral desagradable. En apariencia, es más fácil que las familias logren la armonía cuando sus miembros experimentan satisfacción laboral. Las tensiones generadas en ambientes laborales afectan el nivel de hostilidad en la familia, especialmente entre padres e hijos. El grado de autonomía en situaciones de trabajo afecta el clima laboral emocional. Quienes gozan de poca autonomía suelen verse privados de reconocimientos y están sujetos al control de otros, y si no les es posible canalizar esa frustración hacia sus subordinados, lo hacen hacia otras direcciones, frecuentemente hacia la familia.

Los padres que experimentan satisfacción en su trabajo y gozan de relativa independencia suelen ser menos autoritarios con sus hijos y los apoyan más. Según Kanter (1989), los padres de familias acomodadas experimentan tensiones semejantes a las que padecen los jefes de familias modestas; la explicación a estas tensiones parece encontrarse más bien en factores relacionados con la autonomía y el nivel jerárquico en el trabajo, más que en factores de orden económico.

Brown y Leigh (1996) proponen seis componentes del clima organizacional en dos grupos; uno relativo a la *seguridad psicológica*, que se refiere a la convicción de contar con un trabajo que ofrezca certidumbre, y otro que se refiere a la *significación psicológica*, la cual se relaciona a su vez con actividades laborales que llevan a la realización personal.

Las dimensiones del clima organizacional de seguridad psicológica son:

- *Apoyo del superior inmediato.* Es la percepción del subordinado acerca de la forma en que su jefe lo supervisa. En esta dimensión pueden establecerse dos extremos. En uno de ellos se localiza un estilo inflexible y rígido, un síntoma de la falta de confianza en el subordinado; en el otro extremo, en cambio, el estilo permite cambiar los métodos y aprovechar los errores, y utilizar la creatividad para solucionar problemas (Kahn, 1990). Un superior inmediato (padre) que apoya e impulsa a quienes dirige (hijos), los hará sentir más seguros en la realización de sus labores. Si el jefe utiliza estilos rígidos e inflexibles en el trato con su personal, podría generar en éste falta de confianza. Se recomienda dar al personal la oportunidad de aplicar nuevos métodos, utilizar la creatividad en el desarrollo de su trabajo y la solución de problemas, permitir la generación y aplicación de ideas innovadoras, entre otros mecanismos de expresión individual. En las empresas familiares, los miembros de la generación menor se sentirán más seguros en la medida en que perciban que sus jefes (padres) los apoyan y les tienen confianza.
- *Claridad de papeles.* Es el grado de precisión en la descripción de las funciones y las expectativas de un trabajo. Si el entorno del trabajo y las expectativas respecto a la manera en la cual se pueden lograr los resultados son imprecisas, los niveles de estrés se incrementarán y tanto la satisfacción como el compromiso disminuirán; asimismo, aumentará el riesgo de que los resultados que se obtengan no sean los esperados. En algunas empresas familiares se comete el grave error de no describir con precisión las funciones de los miembros de la familia.

- *Expresión de los propios sentimientos.* Es la percepción del trabajador sobre las consecuencias organizacionales en caso de que decida manifestar sus ideas y sentimientos. Si los miembros de la organización se sienten tratados como individuos y no como máquinas, cuando manifiesten sus sentimientos se sentirán más o menos comprometidos ante la libertad o el miedo que sientan por la posibilidad de expresar sus sentimientos (Kahn, 1990). Esto incluye la posibilidad de que la persona pueda expresar sus propias ideas y sentimientos, lo cual podría permitir que ésta genere aportaciones, efectúe innovaciones o haga uso de su creatividad. Limitar la expresión de ideas y de los propios sentimientos puede provocar que se reduzcan las potencialidades y el talento de las personas. En el caso de las empresas familiares, si los miembros de la generación menor no pueden expresarse con libertad y proponer nuevos esquemas en la empresa, difícilmente se sentirán seguros y su compromiso hacia ellas será limitado.

El grupo de dimensiones del clima organizacional de *significación psicológica* se refiere a la percepción que tienen las personas sobre el significado de su trabajo. Si están convencidas de que su esfuerzo realmente vale la pena, estarán en disposición de involucrarse más con la organización.

- *Contribución personal.* Es la percepción de un trabajador sobre la importancia y el significado de su trabajo como un medio para el logro de las metas de su organización. Si la persona siente que su esfuerzo tiene sentido respecto de los procesos y los resultados de la organización, probablemente se sentirá identificada y comprometida con ésta (Kahn, 1990) y tenderá a involucrarse más en su trabajo. A la empresa o a su líder le corresponde la tarea no sólo de asignar trabajos importantes, sino también de establecer los mecanismos para que el trabajador perciba que su trabajo es relevante y significativo para el logro de las metas de la empresa. Los trabajadores que sientan que están contribuyendo *se pondrán la camiseta* de la compañía con más entusiasmo. Los miembros de empresas familiares se sentirán más comprometidos y encontrarán sentido a lo que hacen en la medida en que consideren que sus aportaciones son importantes y que hacen una diferencia. Corresponde a los líderes de las organizaciones transmitir la importancia de la realización de cada trabajo.

- *Reconocimiento.* Es la convicción de que la organización aprecia y valora el esfuerzo y la contribución de sus trabajadores, y la percepción de que la organización aprecia el esfuerzo y los resultados obtenidos (Kahn, 1990). El reconocimiento al esfuerzo y la dedicación produce un gran impacto en los trabajadores y, por eso, los superiores inmediatos deben tener la habilidad para reconocer el trabajo y el esfuerzo de sus colaboradores. Además, la empresa debe establecer los mecanismos para reconocer, apreciar y valorar el esfuerzo y las contribuciones que realizan sus miembros. En las empresas familiares la generación menor suele esperar a ser reconocida por la mayor, pues ésta, por su naturaleza y jerarquía, suele otorgar los reconocimientos. Los menores pueden recibir una extraordinaria retribución no monetaria si son reconocidos por sus padres, lo cual los motiva a entregarse aún más en sus trabajos. En ocasiones una palmada en la espalda, puede significar un pago mucho más valioso que un pago monetario. Los miembros de las generaciones menores suelen demandar ese reconocimiento, pero rara vez lo otorgan ellos mismos a sus padres, quienes se sienten profundamente agradecidos cuando sus hijos les dan este tipo de reconocimientos.
- *Trabajo como reto.* Es la percepción de una persona sobre el grado en que su trabajo le exige el uso de sus capacidades y habilidades. Una de las fuentes de desarrollo personal en el trabajo es el hecho de enfrentar problemas y resolverlos empleando sus habilidades y su creatividad (Brown y Leigh, 1996). Quienes consideran que sus actividades son interesantes y desafiantes, laborarán con más entrega. Se debe propiciar un clima en el cual la persona aplique sus capacidades y habilidades en el trabajo que realiza, de ahí la importancia de ofrecerle un trabajo interesante. También en esta dimensión se debe propiciar que la persona sea creativa e innovadora. En los primeros años de interacción entre las generaciones mayor y menor en la empresa familiar, los jóvenes suelen realizar trabajos poco interesantes que no suponen retos, por lo que se desmotivan en gran

medida. Los jefes (los padres) deben poner cuidado en la asignación de trabajos, de tal manera que las labores asignadas signifiquen un reto para quienes las reciben (los hijos).

Algunas investigaciones sobre el clima organizacional

Mi pueblo fue destruido por falta de conocimiento.
Oseas 4:6

En los últimos años he realizado diversas investigaciones sobre el clima organizacional en empresas familiares y no familiares, además de otro tipo de organizaciones, en las cuales he podido comprobar la gran influencia que ejerce el clima organizacional sobre el compromiso y el esfuerzo de los trabajadores. En la figura 10.7 se ilustra en forma esquemática esta relación causal:

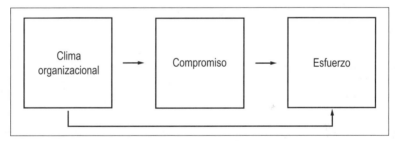

Figura 10.7 Relación causal entre clima organizacional, compromiso y esfuerzo.

Los resultados de estos estudios han sido presentados en diversos foros en Europa, Estados Unidos y América Latina. En mi tesis doctoral (Belausteguigoitia, 2000) y en investigaciones con algunos colegas (Arias Galicia, Mercado y Belausteguigoitia, 2000) hemos podido comprobar que los seis factores de clima descritos afectan a dos factores de compromiso (normativo y afectivo) y a dos factores de esfuerzo (tiempo e intensidad).* Recordemos que el compromiso organizacional (Meyer y Allen, 1991) puede verse como un concepto tridimensional (compromiso afectivo, normativo y de continuidad), pero únicamente las dimensiones afectiva y normativa tienen un efecto sobre el esfuerzo que están dispuestos los trabajadores a realizar (Steers, 1989; Belausteguigoitia, 2000, 2001, 2002).

El esfuerzo se define como el tiempo y la energía que la persona invierte para obtener los resultados y los logros que se esperan de ella en su trabajo. Según Brown y Leigh (1996), el esfuerzo está constituido por dos dimensiones:

- *Tiempo* dedicado al trabajo.* Cantidad de horas invertidas por una persona en su trabajo.
- *Intensidad del trabajo.* Energía que invierte una persona en la realización de su trabajo.

Puede darse el caso que una persona emplee muchas horas en su trabajo pero que lo haga con poca intensidad, en cuyo caso los resultados podrían ser pobres, en comparación con otra que dedique menos tiempo pero que lo haga con mayor intensidad. Por ello, el modelo plantea ambas dimensiones para precisar el esfuerzo. En la figura 10.8 se ilustra el modelo completo que resume varias de las investigaciones realizadas.

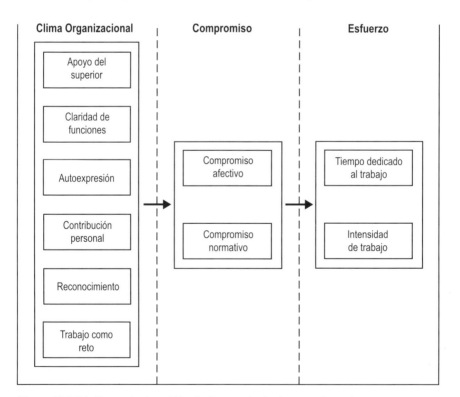

Figura 10.8 Relación causal entre variables de clima organizacional, compromiso y esfuerzo.

También he podido comprobar mediante algunas investigaciones que he realizado (Belausteguigoitia, 2002) que el clima organizacional influye en el desarrollo del espíritu emprendedor de quienes laboran en las organizaciones (Figura10.9).

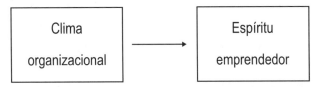

Figura 10.9 Relación causal entre clima organizacional y espíritu emprendedor.

Hay un capítulo destinado al espíritu emprendedor en las organizaciones familiares (Capítulo 13). En él se detallan las cinco dimensiones de la orientación emprendedora: *proactividad, toma de riesgos, innovación, agresividad en la competencia* y *autonomía*. Por el momento muestro en la figura 10.10 la relación entre las variables del clima organizacional con las de la orientación emprendedora, y sugiero que examine con cuidado cada una de las cinco variables del espíritu emprendedor en ese capítulo.

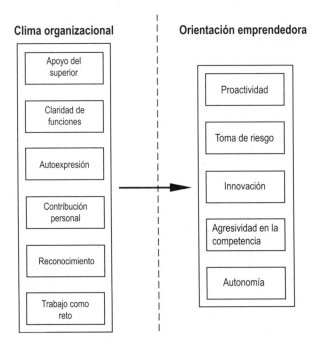

Figura 10.10 Relación causal entre variables de clima organizacional y espíritu emprendedor.

Una vez que las empresas familiares han logrado cierto éxito, tienden a desacelerar su actividad productiva, con lo cual se ponen en gran riesgo. Una de las explicaciones que se dan a este peligroso fenómeno es la pérdida del espíritu emprendedor que propició su creación y desarrollo.

Un buen manejo del clima organizacional, como lo muestran estas investigaciones y el modelo de la figura 10.10, puede propiciar que los miembros de la empresa desarrollen y ejerzan el espíritu emprendedor que requiere una compañía para seguir siendo exitosa.

Estas investigaciones de orden empírico dan una idea práctica de la importancia de manejar apropiadamente estas seis dimensiones del clima organizacional.

Capítulo 11

Órganos de gobierno

Tendremos más pronto al ave si empollamos el huevo en vez de aplastarlo.
Abraham Lincoln

Toda empresa debe poseer instrumentos que respondan a las exigencias de un marco jurídico, que son los *órganos de gobierno*. Sabemos que existen diversas modalidades jurídicas para constituir sociedades, pero por lo general las empresas familiares se crean bajo un régimen de sociedad anónima. Esta figura obliga a contar al menos con un consejo de administración y una asamblea de accionistas, que deben reunirse legalmente con una regularidad preestablecida una vez al año, lo cual es el caso más frecuente. En el caso de las empresas familiares, como parte de los órganos de gobierno, puede crearse una figura llamada consejo familiar *(Family Council)* y que en los últimos años ha encontrado gran aceptación en este tipo de organizaciones, fundamentalmente en Europa y Estados Unidos. La asamblea de accionistas, el consejo de administración y el consejo familiar son mecanismos de articulación o interfases entre los subsistemas de propiedad, empresa y familia representados en el modelo de articulación dinámica en relación con el plano de órganos de gobierno (Figura 11.1).

Estos órganos aparecen en el centro del modelo y unen, cada uno, dos de los tres subsistemas. Están separados de los otros órganos por una línea punteada que ilustra una eventual interacción con los otros dos órganos y con el subsistema restante. Por ejemplo, el consejo de familia relaciona cuestiones del subsistema de familia con el de empresa y guarda relación con la asamblea de accionistas y el consejo de administración (línea punteada). Además, este órgano aborda eventualmente cuestiones relativas a la propiedad de la empresa.

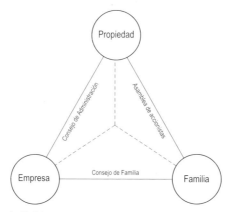

Figura 11.1 Órganos de Gobierno.

La *asamblea de accionistas* es el órgano supremo de gobierno de una empresa y constituye un foro en el cual los propietarios abordan diversos temas para fijar posiciones con respecto a la empresa que poseen. El *consejo de administración* se encarga por ley de defender las posiciones e intereses de los accionistas, que son clarificadas gracias a las asambleas, incluida la vigilancia de la marcha de la organización. El *consejo familiar*, que surge de la asamblea familiar, articula formalmente y en una manera organizada los deseos e intereses de los miembros de la familia con respecto al negocio (Figura 11.2).

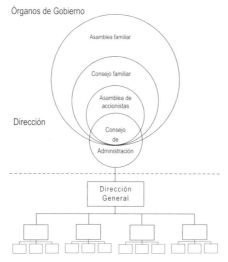

Figura 11.2 Órganos de gobierno y dirección.

Es posible distinguir entre los órganos de gobierno y dirección; en la figura 11.2 aparece una línea punteada horizontal que marca la división. En el plano de gobierno aparece una serie de círculos concéntricos, donde la asamblea familiar contiene al consejo familiar y a la asamblea de accionistas. Al mismo tiempo, el consejo familiar contiene a la asamblea de accionistas. Esto quiere decir que en el caso de las empresas familiares, dentro de la (gran) cantidad de familiares que la integran, algunos de ellos forman el consejo familiar pero, por lo general, sólo algunos de ellos forman parte de este consejo, los cuales son los propietarios de la empresa, y están representados por la asamblea de accionistas. El consejo de administración, por su parte, se intersecta con la asamblea de accionistas, y parte de él está fuera del plano familiar. Esto se explica dada la presencia de consejeros externos (ajenos a la familia) en este órgano de gobierno, en combinación con algunos miembros de la familia.

Es posible observar una línea de mando que vincula al consejo de administración con la dirección general. Cruza del plano de gobierno al de dirección, e ilustra la obligación del director de responder a las demandas del consejo. A su vez, la dirección general tiene una serie de puestos bajo su control.

Para desgracia de las organizaciones y sus propietarios, estos órganos de gobierno rara vez operan en la práctica. Es muy común que en la comida del domingo en casa de la abuela aparezca un tío pidiendo firmas a quienes se encuentran reunidos alrededor de la mesa. Los miembros de la familia que aparecen en las actas terminan firmando documentos que ni entienden ni leen, muchos de ellos de asambleas que nunca se llevaron a cabo. Puede ser esto una manera práctica de cumplir con requerimientos legales engorrosos, pero también se puede perder una gran oportunidad de participación de los propietarios en actividades empresariales.

Los órganos de gobierno no operan en la práctica por cinco razones fundamentales: a) por desconocimiento de su gran utilidad, b) por su costo, que para algunos es innecesario, c) porque a los dueños y fundadores no les gusta que los controlen y que alguien les lleve la contraria, y d) porque los dueños piensan que pierden autoridad si consultan a alguien y comparten responsabilidades, e) porque el consejo puede implicar una importante inversión de tiempo.

La asamblea de accionistas

Es el órgano de gobierno más importante de todos, dado que se trata del foro de quienes poseen la organización. La visión, los valores y los intereses de los accionistas, que en el caso de estas organizaciones suelen ser miembros de una misma familia, deben ser tenidos muy en cuenta por el consejo de administración, y también deben ser puestos en práctica por quienes se encargan de la gestión de la compañía. En la práctica, en muchas organizaciones familiares, las mismas personas que forman parte de la asamblea de accionistas también forman parte del consejo de administración, e incluso son quienes la dirigen, por lo que no suelen reunirse específicamente para discutir temas concernientes a cada uno de estos dos órganos de gobierno. En el caso de que se reúna la asamblea de accionistas (una vez al año en el mejor de los casos), los propietarios suelen recibir información general sobre la marcha de la organización y los planes para el futuro. Se trata de reuniones en que los accionistas suelen adoptar un papel pasivo, aun cuando ellos deberían aportar más en este tipo de reuniones. La asamblea de accionistas da algunas importantes directrices para el manejo de la compañía que han de ser tenidas en cuenta en la operación cotidiana. Dentro de los temas que se abordan en las reuniones están:

- Giros en que les interesaría ingresar (o evitar)
- Política de dividendos
- Decisiones sobre la posible cotización en la bolsa
- Diseño del consejo de administración
- Decisión sobre mantener el control de la empresa en manos de la familia
- Mecanismos de transmisión de acciones
- Decisiones de carácter estratégico
- Evaluación de los consejeros y directores de la empresa

Podría creerse que en las empresas pequeñas de primera generación no tiene mucho sentido ejecutar asambleas de accionistas, pero no es así. Aunque este foro sea constituido por quienes forman el consejo y dirigen la organización, vale la pena que se reúna al menos una vez al año para debatir algunos puntos como los que figuran líneas arriba. En cierto sentido, esto da orden, formalidad y claridad a lo que concierne a este órgano. Llevar a cabo estas reuniones hace que los participantes se sientan más comprometidos y tomados en cuenta. En el caso de una empresa familiar de un solo propietario, en la cual los hijos aún poseen acciones de ella, es buena idea realizar las asambleas en presencia de ellos. Esto les ayudará, por un lado, a comprender la importancia de cada uno de los órganos de gobierno y, por otro lado, les ayudará a aprender a manejarse adecuadamente en este tipo de reuniones.

El consejo de administración

En organizaciones muy pequeñas, como las microempresas, los consejos de administración operativos no ofrecen grandes ventajas y si no están bien diseñados hasta podrían obstaculizar la marcha de los negocios. No obstante, en las empresas de mayor tamaño (pequeñas, medianas y, por supuesto, las grandes), los consejos de administración operativos deben verse como una figura fundamental en la organización. Éstos dan una nueva visión al empresario y pueden alertarlo cuando está equivocado; asimismo, es una forma de rechazar la intuición como único elemento para tomar decisiones, además de que obligan a planificar sistemáticamente. Estos consejos amplían las relaciones y, dado que se atreven a contradecir a la alta dirección, terminan por ser buenos críticos y asesores.

Muchos empresarios de empresas familiares encontrarían solución a sus problemas si se decidieran a crear un consejo de administración que operara con regularidad y eficacia. Algunos de los aspectos que se abordan en las juntas del consejo de administración son los siguientes:

- Transmisión de la voluntad, inquietudes e intereses de la asamblea de accionistas a los miembros del consejo y a la dirección general.
- Revisión de la marcha de la organización.
- Formulación (o aprobación) de los planes estratégicos y la revisión del cumplimiento de sus objetivos.

- Aprobación de la gestión directiva, incluidos presupuestos y estados financieros.
- Asesoramiento a la dirección general y a su equipo directivo.
- Aprobación de alianzas estratégicas, fusiones y escisiones.

Es sorprendente cómo algunas grandes empresas de prestigio, aparentemente profesionales, carecen de este órgano de gobierno fundamental. En el caso de las empresas familiares cobra mayor importancia, pues además de actuar como árbitro en el caso de conflictos familiares, puede establecer límites a todos y cada uno de los integrantes de la compañía, reduciendo así los enfrentamientos de carácter personal entre miembros de la familia. Los accionistas suelen clamar por consejos de administración que puedan tomar decisiones estratégicas, dar seguimiento a la marcha de los negocios y compartir información. ¡Qué difícil resulta para ellos pedir cuentas a sus directores, en especial si son familiares! Cuando se les solicita información a quienes deben dar cuentas, suelen negarse aduciendo que deben tenerles confianza, e incluso pueden llegar a ofenderse; al parecer olvidan que los responsables de la marcha de la compañía están obligados a dar a conocer a los propietarios los aspectos relevantes de la compañía en forma sistemática.

Los directores que se han decidido a crear consejos de administración operativos son valientes y visionarios y, normalmente, obtienen (además de legitimidad) beneficios adicionales de diversa índole. Tienen claro, además, que los consejos de administración operativos constituyen una vía ineludible hacia la profesionalización. Están dispuestos a ser juzgados, a que se les critique y a responder a un órgano superior. A todos ellos habría que reconocerles ese valor, su inteligencia y su buena fe.

Por desgracia, muchas personas prefieren no compartir la información que por ley (y por mera obligación moral) deben dar a conocer a los accionistas. En empresas familiares, dada la influencia del subsistema familiar, se asume de una manera mal entendida el valor de la confianza. Al llevar ese valor a la empresa, se hace de una manera inadecuada, como queda claro en la siguiente conversación:

Tía Ana (accionista minoritaria): Raúl, quiero involucrarme más en la compañía y quisiera que me mostraras los estados financieros y los planes que se tienen para el futuro. Hace dos años que no recibimos dividendos y estoy muy preocupada por la marcha de la empresa. Tengo sospechas de que las cosas no se están haciendo bien, pero si no tengo información no puedo llegar a conclusión alguna.

Tío Raúl (accionista mayoritario): Ana, ya te he comentado que el negocio está pasando por momentos muy difíciles y que nos estamos rompiendo el alma para sacarlo adelante. Ha habido necesidad de reinvertir todas las utilidades y me da mucha tristeza que no me tengas confianza e insistas en conocer más información. No quiero tener a ningún policía vigilándome, y menos que me vigile mi propia hermana.

Raúl ha decidido mantener a Ana ignorante del manejo del negocio, e incluso utiliza aspectos emotivos para no hacer lo que está obligado a realizar legalmente, es decir, compartir la información de la marcha de la empresa con todos los accionistas. Raúl podría tener una aliada incondicional, o al menos una accionista más compresiva, si en vez de ocultarle información se la diera. Raúl tiene temor de crear un consejo de administración que opere regularmente, aun cuando esa figura podría ser su mejor aliado. Si Ana tiene cualidades de consejera, podría incluirse en ese órgano. Raúl podría tener razones muy poderosas para no involucrar a Ana en las decisiones de la empresa y estar actuando de buena voluntad, pero, por lo general, quienes se sienten marginados terminan generando muchos más problemas que si se les tomara en cuenta.

Difícilmente una empresa profesional puede concebirse sin un consejo de administración eficaz. Para entender la dinámica de un consejo de administración en una empresa familiar, lo primero es determinar si en la realidad tiene alguna función, además de si cumple con las funciones que por ley debe realizar. En esencia, el consejo de administración existirá si un grupo de individuos entiende que ha adquirido el compromiso de actuar como directores de una organización, y deberá de reunirse en intervalos regulares para revisar la actuación del director general y proporcionar consejos con relación a los planes para el futuro. Visto desde esta perspectiva, muchas empresas familiares carecen de un consejo de administración de estas características. Frecuentemente los fundadores de las empresas familiares no desean más opiniones ni consejos que los que podrían obtener de sus subordinados, de otros miembros de la familia o de sus asesores cercanos.

Se ha debatido sobre la necesidad de crear consejos de administración operativos. Para Jonovic (1989), más que crear consejos de administración, lo que requieren las empresas familiares es dar entrada a las opiniones externas, aunque el modelo más común para dar entrada a las opiniones externas es invitar directores externos al consejo de administración. El autor nos invita a hacernos la siguiente pregunta: ¿Es un consejo de administración con miembros externos el mecanismo más efectivo para revisar la marcha del negocio y aportar ideas? Desde mi perspectiva, esta respuesta suele ser afirmativa. En el caso de ser negativa, podría conducirnos a la creación de algunas otras figuras como los comités con diversas funciones (comité de revisión, comité de dirección, etcétera). Hay directores, principalmente de empresas de menor tamaño, que consideran que un consejo de administración no genera beneficio alguno e incluso podría complicar la marcha de la organización. Para la mayoría de las empresas familiares, que son de menor tamaño, podría ser inadecuado tratar de adaptar esquemas de compañías públicas o privadas de gran tamaño y crear consejos de administración pesados que incluyan gente externa. Imaginemos un pequeño establecimiento de quince personas, cuyo consejo de administración tenga ocho miembros, tres de ellos profesionales ajenos a la familia.

Es necesario estudiar las características particulares de cada empresa para poder diseñar un consejo de administración adecuado para cada caso. Me gustaría resaltar que la existencia de esta figura no garantiza la buena marcha de la organización. Hay veces que estos órganos se constituyen con poca fortuna e incluyen consejeros inadecuados o no logran establecer una buena articulación entre los miembros que lo conforman. Hay muchas razones que explican la actuación fallida del consejo, pero esto no tiene que ver con que los consejos de administración sean figuras inoperantes; por el contrario, si están constituidos en forma adecuada, pueden aportar beneficios importantes.

La institución del matrimonio representa una analogía de lo expuesto. Somos testigos de que cada día hay más matrimonios que se disuelven. Se podría llegar a la conclusión de que el matrimonio es inadecuado y obsoleto, dado el creciente número de divorcios. Evidentemente hay quienes asumen esta postura, pero en general las parejas en nuestra cultura (latina) se siguen casando porque piensan (y sienten) que de esta manera serán más felices.

Las características del consejo dependen de algunos factores de la empresa, tales como la edad, el tamaño y la complejidad. Es recomendable que las compañías complejas y con alto nivel de desarrollo operen con consejos de administración donde se incluyan externos. En un estudio hecho en Estados Unidos por Schwartz y Barnes (1991) a 262 empresas familiares y consejos de administración, se determinó que los directores generales están más satisfechos con sus consejos cuando se incluyen externos que cuando no es así. Estos externos no son tan útiles en las operaciones diarias del negocio ni en situaciones de gran detalle, y tampoco son capaces de auxiliar mucho en situaciones de conflictos familiares, pero son útiles para establecer contactos con otras empresas y organismos. De igual forma proporcionan visiones diferentes y novedosas, y promueven el nivel de responsabilidad de la administración. Uno de los hallazgos relevantes radica en que los directores externos pueden beneficiar con mucho a estas empresas.

Operación de consejos de administración

El número de consejeros en una empresa familiar dependerá de sus características, sobre todo de la magnitud de la empresa. Por lo general pueden ser de cinco a ocho consejeros, aunque se prefiere un número impar con el objetivo de crear una mayoría cuando se presentan situaciones de división, pero esto no es algo esencial. Por un lado, podría ser grave eliminar a algún consejero valioso o incorporar a otro que no lo es tan sólo por crear un número impar. Es preferible constituir el consejo con las personas adecuadas que pensar sólo en romper la paridad.

Es preciso incluir al director de la compañía y a los posibles sucesores en las juntas de consejo, sobre todo cuando se aproxima el cambio de estafeta. Además, se recomienda incorporar personas externas a la familia. Un consejo de administración típico de una empresa familiar mediana en la cual los hijos se han incorporado podría ser el siguiente:

- Un director general (padre)
- Dos gerentes (hijos)
- Dos consejeros externos

En teoría, es conveniente que exista mayor número de externos que de internos en los consejos, con el objeto de dar mayor formalidad a las reuniones e incorporar nuevas ideas de negocios, pero en el caso de empresas familiares pequeñas en las que trabajan varios miembros de la familia en posiciones directivas, esta situación puede obligar a las organizaciones a formar consejos demasiado grandes. Los hijos que están próximos al momento de tomar la responsabilidad de dirigir la empresa deben ser incluidos en los consejos, ya que ahí pueden obtener un buen entrenamiento; por otro lado, ello serviría como mecanismo para darles una estructura de operación que promueva su desarrollo y, en general, sería una forma de lograr la profesionalización de toda la compañía.

Hay veces que los padres tienen graves problemas para supervisar a los hijos y les cuesta mucho trabajo lograr que cumplan a tiempo con los compromisos que contraen. Los padres encontrarán en este órgano un aliado fundamental para lograr el compromiso de sus hijos.

Los miembros externos deben ser personas íntegras y confiables, que puedan manejar información con gran discreción. Estas personas deben tener conocimientos profundos sobre el manejo de las empresas, aunque no necesariamente deber ser expertas en el giro de la empresa familiar. Las personas retiradas suelen ser elementos muy valiosos en los consejos de administración. La gente cercana a la familia quizá no sea la mejor para llegar a ser consejeros, salvo algunas excepciones.

Es importante que los consejeros, incluso los miembros de la familia que participen en este órgano, reciban una retribución por su participación en cada junta, lo cual se puede hacer de varias formas. Se ha popularizado la costumbre de entregar regalos a los consejeros en cada junta. Un regalo común es un centenario, aunque no debe descartarse un pago en efectivo. Las empresas familiares pequeñas que no tienen las mismas posibilidades económicas para formar este tipo de consejos, pueden considerar excesivo pagarle a un consejero, pero deben hacerlo, aunque el pago sea de carácter simbólico, ya que así se obliga a cada consejero a comprometerse con la empresa.

Existen al menos dos enfoques para llevar a cabo las juntas de consejo:

a) Invertir un día completo para entrar en cada uno de los detalles importantes, aunque se hagan con mayor distancia (juntas bimestrales o trimestrales).

b) Realizar juntas breves de carácter ejecutivo (dos a tres horas), con mayor frecuencia (mensuales).

Considero que para las empresas familiares latinoamericanas resulta más provechoso sostener reuniones más frecuentes y menos duraderas, por lo que sugiero la segunda opción.

El consejo debe regirse por un reglamento que describa sus obligaciones. En dicho reglamento debe detallarse el periodo de vigencia de la presidencia y de los consejeros en general, la frecuencia con que deben llevarse a cabo las juntas, los mecanismos para convocar juntas extemporáneas, los mecanismos de votación, etcétera.

El presidente del consejo representa la máxima autoridad del consejo. Existen otros cargos en el consejo con algunas variantes menores, y pueden recibir diversos nombres como el de consejero delegado, vicepresidente del consejo, secretario, etcétera.

El consejo familiar

El consejo familiar es el órgano de gobierno en el que la familia toma decisiones relacionadas con la empresa. De hecho, el consejo familiar debe ser el impulsor del protocolo familiar (estatuto familiar); del que hablaré más adelante. El consejo también tiene la obligación de mantener actualizado dicho protocolo o estatuto y de aplicarlo correctamente. En el caso de las empresas familiares, los consejos de administración y los consejos de familia difieren significativamente. En los primeros suelen participar esencialmente miembros de la familia que poseen acciones, mientras que en los segundos, además de éstos, pueden participar otros miembros de la familia, como cónyuges, abuelos, padres y otras personas, cuyas vidas podrían verse afectadas por la marcha del negocio de la familia. Dependiendo de la magnitud de la familia, se recomienda un número de entre cinco y diez consejeros familiares. En el caso de familias muy numerosas, especialmente en las que hay segunda y tercera generaciones, es recomendable que participe al menos un miembro de cada rama y de preferencia debe tratar de lograrse una configuración multigeneracional. Es posible rotar a los diferentes consejeros con la finalidad de que la mayoría de los elementos adultos (y quizá algunos adolescentes) participen en este órgano. El periodo en que un consejero familiar ha de permanecer en el cargo puede ser variable, entre uno y tres años, con la posibilidad de reelegirse. El consejo debe contar con una presidencia, de preferencia rotativa, y retribuir a sus integrantes de manera simbólica. La periodicidad de las reuniones del consejo familiar puede variar, dependiendo de la cantidad de temas a tratar y de la complejidad de los mismos, pero de preferencia debería haber al menos una reunión trimestral.

Existen muchos temas que tienen que ver con la interfaz empresa-familia y que requieren ser tocados en forma organizada y sistemática, fuera del órgano de gobierno propio de la empresa (el consejo de administración). El consejo familiar es el órgano que se encarga de tocar estos temas. Los siguientes puntos podrían ser abordados por el consejo familiar:

- Definición de los intereses de la familia con respecto al negocio.
- Control familiar de la empresa.
- Desarrollo de una visión de la empresa por parte de la familia.
- Requisitos para la contratación de familiares.
- Principios de actuación de familiares y trabajadores en la empresa.
- Políticas de transmisión de acciones.
- Programas de apoyo a las generaciones menores.
- Sucesión del grupo directivo.
- Compromiso de la familia hacia la empresa.

- Valores éticos y conducta de los miembros de la familia.
- Elaboración del protocolo familiar (del cual se hablará posteriormente), así como sus modificaciones.

La participación de personas preparadas y de diferentes procedencias en la toma de decisiones en el consejo de administración produce una apertura en la empresa familiar hacia nuevos enfoques y maneras de ver las cosas. Puede existir, además del consejo familiar, la figura de la asamblea familiar, donde participen todos los miembros de la familia, incluso los cónyuges de los miembros de la familia. Cuando se trata de familias muy pequeñas, la asamblea familiar suele ser la misma que el consejo familiar. En empresas de tercera generación donde interactúan los primos, es conveniente que exista tanto la asamblea como el consejo familiar. La asamblea familiar puede reunirse una vez al año y se sugiere que participen todos los miembros de la familia, incluso los niños. En este evento se da información del negocio a los asistentes y se discute sobre la dirección y los principios básicos de la compañía. En algún momento podrían hacerse reuniones de la asamblea familiar en forma separada, donde los niños y adultos tengan foros independientes, aunque también podría integrarse un gran foro. Las reuniones de este tipo deben ser constructivas y, además, divertidas. Puede instituirse el "día de la asamblea" dentro de la cultura familiar, y realizarse en algún sitio conveniente, como los puntos de reunión que usualmente ocupa la familia. Después de la sesión de trabajo, que podría durar un par de horas, se podría concluir el evento con un chocolate preparado por la abuela o una cena especial. Este tipo de eventos une a la familia en torno de la empresa.

El estatuto familiar: reglamento del consejo de familia

Una de las funciones del consejo de familia es aclarar el panorama de la empresa a cada uno de los miembros de la familia sobre diversos puntos. Por ejemplo, es posible que algunos jóvenes se sientan con el derecho de ingresar a la empresa de sus padres por el simple hecho de que son parte de la familia. Si tienen la seguridad de ser aceptados en la empresa familiar, quizá no se sientan motivados a terminar sus estudios o no tengan el ánimo de realizar un verdadero esfuerzo para incrementar sus habilidades y su experiencia. Por otro lado, podría ser que ellos no tengan claro lo que deberían hacer para incrementar sus habilidades y ponerlas al servicio de la organización, para así convertirse en elementos capaces de aportar gran valor a sus organizaciones. El reglamento, en este sentido, puede mostrar a los jóvenes una guía práctica de lo que se espera de ellos si desean ser aceptados en la organización. Haciendo una comparación con la prueba atlética del salto de altura, el reglamento sería como el caso de subir la barra a una altura conocida por todos, digamos a dos metros (vea la Figura 11.3).

Figura 11.3 Las exigencias de las empresas familiares.

Eso implica que cada uno de los familiares que desee integrarse a la organización (en caso de que se haya decidido la conveniencia de que algunos de los miembros ingresen), debe cumplir cabalmente con una serie de requisitos preestablecidos. Un reglamento de esta naturaleza diseñado a tiempo, es decir, antes de que se presenten las situaciones en las que cabría su aplicación, puede prevenir grandes conflictos.

El estatuto familiar debe ser redactado haciendo acopio de los deseos e intereses de la familia y de la empresa. Desde la perspectiva familiar, es indispensable que participen todos los miembros de la familia (asamblea familiar) y que den a conocer sus opiniones. Su redacción estará a cargo del consejo familiar. Es importante lograr el compromiso de todos los integrantes de la asamblea con el protocolo familiar.

Caso Agrinexus y familia González Rivas

La familia González Rivas es una familia tradicional de una ciudad del norte de México. Don Carlos González (de 62 años) fundó una empacadora de frutas y verduras hace veinte años, llamada *Agrinexus*, S.A. de C.V. y hoy se encuentra prácticamente retirado, con un negocio que marcha estupendamente bien, dirigido por su yerno. Los recientes acontecimientos familiares le han quitado la tranquilidad a don Carlos y han provocado problemas tanto en la empresa como en la familia, además podrían poner en riesgo el negocio.

La familia

Don Carlos y doña Ana acaban de cumplir 40 años de casados. Sus hijos Carlos (de 38 años), Ana (de 36 años), Luisa (de 33 años) y Eugenia (de 30 años) se han desarrollado fuera del negocio de la familia. Don Carlos hubiera deseado que su hijo Carlos se incorporara a la empresa, pero no fue así. Desde pequeño le gustaron los aviones y decidió estudiar la carrera de piloto comercial y, para su fortuna, ha tenido un ascenso vertiginoso en la compañía de aviación que lo contrató a pesar de su corta edad. Don Carlos nunca consideró seriamente la posibilidad de que sus hijas trabajaran en la compañía, ni ellas tampoco lo plantearon. Quien sí se integró es Víctor (de 38 años), el yerno predilecto de don Carlos, quien ha estado casado con Ana desde hace siete años. La relación de don Carlos y Víctor es muy cercana y este último recibe un trato como de hijo. Es posible que esto se deba a que Víctor no sólo ha sido un ejecutivo ejemplar, sino que siempre ha estado pendiente de su suegro y, en momentos difíciles, le ha brindado el apoyo que él ha necesitado.

Algunas dificultades matrimoniales

Desde su inicio, Víctor y su esposa Ana han vivido un matrimonio inestable y las dificultades en los últimos años se han incrementado. A raíz del nacimiento de su tercer hijo, la relación se deterioró aún más y desde hace un mes viven separados. Según Ana, Víctor es un padre extraordinario, pero no ha sido buen marido, sobre todo durante los últimos meses. Ana tuvo una conversación con su padre y con lágrimas en los ojos le suplicó que despidiera a Víctor de la compañía, con plena conciencia de que esto podría afectar el negocio de la familia. La mala relación entre ellos ha llegado demasiado lejos y Ana no tiene la menor intención de regresar con él; no podría soportar la idea de que el negocio de su familia sea dirigido por su exmarido.

La empresa

La empacadora inició comercializando frutas y verduras de la región a nivel nacional y, gracias al excelente manejo de las relaciones públicas y a la visión de don Carlos, pudo posicionarse adecuadamente en las principales ciudades del norte del país.

Víctor, ingeniero agrónomo, fue contratado por don Carlos como supervisor de campo. Su trabajo consistía principalmente en verificar que las cosechas que se compraran tuvieran la calidad requerida. Al poco tiempo, se encargó del departamento de compras. Antes de cumplir dos años de trabajar en la compañía, ya era director comercial y mano derecha de don Carlos en el negocio. Cuando ascendió a ese puesto conoció a Ana y se casó con ella al poco tiempo. Una de las grandes aportaciones de Víctor a la empresa es la visión de comercio exterior. Gracias a él, la empresa se internacionalizó y el año pasado exportó la misma cantidad de toneladas que las destinadas al mercado nacional. Poco a poco don Carlos ha ido dejando la responsabilidad del negocio a su yerno y él ha sabido responder excediendo las expectativas de su jefe. En estos momentos la compañía está a punto de firmar un convenio con una cadena de supermercados que opera en la Costa Este de Estados Unidos, principalmente en los estados de Nueva Inglaterra. Este trato significaría un incremento importante en ventas. Por otro lado, existe la perspectiva de continuar con exportaciones hacia otras cadenas norteamericanas y europeas. Tanto para los clientes como para los empleados, y sobre todo para don Carlos, Víctor es el artífice de la transformación de la empacadora.

El dilema

Don Carlos siente que el mundo se le viene encima: sabe que si despide a Víctor, la compañía podría sufrir las consecuencias en el corto plazo, ya que sería muy difícil reemplazar a un director como Víctor. Sin duda éste se podría colocar de un día a otro en empacadoras de la competencia y pasar a ella los negocios que hasta ahora han sido de Agrinexus. Por otro lado, le da rabia saber que Víctor no ha sido bueno con su hija y no puede dejar de tener en cuenta la petición de despido de su hija.

Según un avalúo reciente, el valor de la empresa asciende a 30 millones de dólares. Hace tres años su valor era de aproximadamente la mitad. Se estima que en otros dos años más, según las proyecciones de ventas, la compañía podría valer 50 millones de dólares, pero ello está supeditado a que exista continuidad en el negocio.

Últimas noticias

Víctor ha comenzado un nuevo romance y Ana María está destrozada. Si ella le había solicitado hace unos días a su padre que despidiera a Víctor, hoy la petición se ha transformado en una exigencia, y de no tomarse en cuenta, podría haber una fractura familiar entre Ana y su padre.

Los desafíos

1) Comente cómo abordaría usted un problema como éste.
2) ¿Quién(es) debe(n) participar en la toma de decisiones sobre la permanencia de Víctor en la empresa?
3) En el caso concreto de don Carlos, ¿qué decisión debe tomar en relación con el despido de Víctor?
4) ¿Qué debe hacer Víctor?

PARTE IV

La continuidad en la empresa familiar

Capítulo 12

Las generaciones menores y sus planes de vida

> *Salió un sembrador a sembrar, y de la simiente parte cayó junto al camino, y vinieron las aves y la comieron. La otra cayó en un pedregal, donde no había tierra, y luego brotó porque la tierra era poco profunda; pero levantose el sol, la agostó y, como no tenía raíz, se secó. La otra cayó entre espinas, las cuales crecieron y la ahogaron. Otra cayó sobre tierra buena y dio fruto.*
>
> Parábola del sembrador

Importancia de una visión de vida

Los seres humanos llegamos a este mundo sin que se nos preguntara si queríamos venir, al menos no nos acordamos de ello. Como padres, hemos traído *a la brava* a nuestros hijos y, ya estando aquí, tratamos de proveerlos de herramientas para que sean felices. Aunque, a pesar de las buenas intenciones, nuestra miopía hace que queramos dotarlos a la fuerza de elementos que a ellos no les interesan y que quizá en el fondo ni siquiera necesitan.

Podemos conducir a nuestros hijos con profundo amor, por un camino totalmente contrario al de su vocación e interés y, en ocasiones, es demasiado tarde para dar marcha atrás. La parábola del sembrador describe con belleza y profundidad varias ideas interesantes; entre ellas, que los hombres son capaces de crear grandes beneficios si se desarrollan en el entorno adecuado.

La tierra fértil es un concepto relativo. Determinadas circunstancias pueden ser percibidas por dos personas en formas muy distintas, haciendo que uno se sienta exitoso y otro profundamente infeliz. Toda persona tiene la posibilidad de florecer y dar frutos y, en esencia, depende de cada uno que así sea. Las personas que están alrededor de esa persona influyen de diversas formas y, entre ellas, los padres solemos ejercer la mayor influencia. Podríamos empeñarnos en pensar que determinada tierra es fértil para nuestros hijos, sin tener en cuenta que tal vez para ellos sea tierra estéril, dada la relatividad del concepto de fertilidad. Se debe tener cuidado de no malinterpretar esta parábola y pensar que los demás tienen que hacer algo para que florezcamos, como darnos las condiciones de trabajo que requerimos, el sueldo que anhelamos o el puesto que deseamos. Nos corresponde a cada uno de nosotros diseñar o encontrar las circunstancias propicias para nuestro desarrollo, aunque ciertamente podríamos recibir ayuda de otras personas.

Joan Manuel Serrat, en un fragmento de su canción *Esos locos bajitos*, ilustra la amorosa tozudez de los padres al querer trazar el camino de sus hijos:

> Nos empeñamos en dirigir sus vidas,
> sin saber el oficio y sin vocación
> les vamos transmitiendo nuestras frustraciones
> con la leche templada y en cada canción.

Los costos de seguir un camino equivocado pueden ser infinitos, por lo que bien vale la pena pensar concienzudamente en las diversas alternativas que la vida nos presenta con generosidad y cómo llegar a alcanzarlas.

Desde el inicio de su historia, el ser humano ha buscado satisfacer su sentido de pertenencia, preguntándose de dónde viene y hacia dónde va, cuestionándose sobre lo que busca y espera de la vida. Enfrenta retos y trata de deducir su papel en el mundo, además se pregunta por qué ha venido a él y cuál es su llamado. Con idealismo, al querer imprimir su huella para que su presencia no sea en vano, el hombre se esfuerza por dejar un legado. El entorno en el que vive el ser humano influye en la forma en que desea trascender y, con frecuencia, los modelos impuestos por la sociedad lo condicionan a buscar determinados caminos. Por desgracia, ese llamado o destino que cada persona debería seguir para florecer, puede ser difícil de percibir debido a las presiones sociales y familiares o, simplemente, por falta de planeación (elemento fundamental para encontrar un buen camino en la vida). Para que haya planeación se necesita que la persona haga un análisis minucioso de sí misma y de su entorno, además de coraje para vencer la inercia cotidiana y tomar las riendas de su vida.

La vida es una dialéctica de interacciones entre sistemas, por ello la planeación de la vida requiere de un acercamiento integral de los mismos. Se debe tener en cuenta que cada área de nuestra vida, sea en el plano personal, en el de las relaciones, la familia o los negocios, afectará las otras áreas ahora o en el futuro. Desde la perspectiva de la teoría de sistemas, la vida no es un sistema cerrado, sino abierto, es decir, cada dimensión de nuestra vida afectará las otras dimensiones. Por ejemplo, la vida personal afecta a la vida familiar y viceversa.

Un plan de vida

Permitámonos vivir mientras vivimos.
Philip Doddrige

En el plan de vida deben incluirse las metas personales, las metas en las relaciones con los otros, las metas familiares y las metas profesionales o de negocios, pero establecerlas con claridad podría no ser algo tan fácil y evidente.

Las personas pueden confiar en su inteligencia, astucia y, quizá, hasta en su suerte. Sin embargo, a medida que la vida se vuelve más complicada, ya sea con los hijos, en el matrimonio o en los negocios, los resultados de la falta de planeación comienzan a emerger. La incertidumbre y la ansiedad crecen cuando no hay un plan de evolución para el matrimonio, la familia o el negocio que clarifique el rumbo que se debe seguir en estos planos.

Existen mecanismos y corrientes muy variadas que conducen a la planificación de la vida. Desde una perspectiva espiritual, San Ignacio de Loyola, uno de los grandes pensadores sobre la planificación de la vida, clarificó desde hace más de cuatrocientos años en sus *Ejercicios espirituales* el camino que Dios tiene para cada uno. Gran cantidad de personas en todo el mundo ha encontrado en estos ejercicios una herramienta valiosa para orientarse.

Numerosos casos han mostrado que las personas más efectivas son aquellas que reflexionan antes de actuar, que definen claramente sus propósitos y que canalizan sus esfuerzos para alcanzarlos. Estos es, aquellas que saben responder a las oportunidades inesperadas, capitalizándolas para su propio beneficio. A continuación se propone una herramienta estructurada para reflexionar sobre este tema, a la que llamo *Planeación estratégica personal*.

Planeación estratégica personal

> *¿Qué mejor sabiduría puedes encontrar que la bondad?*
> Jean Jacques Rousseau

La planeación estratégica es una herramienta valiosa que permite a las organizaciones dirigir sus esfuerzos en forma eficaz. Existen varios modelos para llevarla a cabo, aunque por lo general los puntos que se incluyen en un estudio de esta naturaleza son: definición de principios (misión, filosofía, propósito), análisis interno (fortalezas y debilidades) y externo (oportunidades y amenazas) de la organización, identificación y selección de alternativas, establecimiento de objetivos, formulación de estrategias y diseño de sistemas de control que permitan verificar el progreso de las acciones necesarias para alcanzar los objetivos planteados.

La planeación estratégica personal tiene grandes semejanzas con la planeación que llevan a cabo las organizaciones. El modelo que propongo está compuesto por seis pasos: *a)* identificación del propósito fundamental de la vida, *b)* análisis interno, *c)* análisis externo, *d)* identificación y selección de alternativas, *e)* formulación de estrategias, *f)* implementación y monitoreo.

En la figura 12.1 se observa la secuencia de cada uno de los pasos de la planeación estratégica personal.

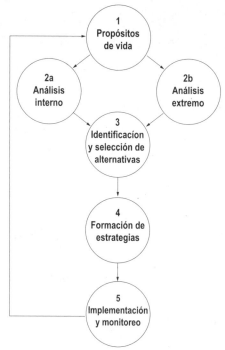

Figura 12.1 Pasos de la planeación estratégica personal.

1) Identificación del propósito de vida:

La fuerza del hombre consiste en averiguar dónde va Dios y seguir ese camino.
Henry Ward Beecher

Existen a nuestro alrededor estímulos de diversa naturaleza, por lo que podemos experimentar confusión al momento de precisar lo que perseguimos en nuestra vida como fin último. Ése no es un cuestionamiento trivial y debería ocupar toda nuestra atención para, así, tener un peso específico en nuestras decisiones cotidianas. Le puede interesar cambiar de coche o casa, estudiar determinada carrera, casarse con determinada persona, aceptar un empleo, crear un negocio, vivir en otro país, entrar a trabajar a la empresa de su familia, etcétera; no obstante, todas estas decisiones de carácter diverso podrían afectar, de alguna u otra forma, ese fin último de su existencia, al que llamo propósito fundamental de la vida.

¿Cuál es el *propósito fundamental* de cada persona? Cada quién puede encontrar una respuesta personal y el siguiente ejercicio puede ser de utilidad para clarificarlo.

Mi epitafio

Este ejercicio tiene una duración de 10 a 30 minutos. Elija un lugar silencioso, donde nadie lo moleste y que sea adecuado para reflexionar; colóquese en una postura cómoda.

1. Cierre los ojos, respire profundamente y, durante unos minutos, escuche el silencio. De un momento a otro se sentirá muy tranquilo, contento y en paz, como si no estuviera en este mundo.
2. Abra los ojos, tome una hoja de papel y un lápiz y escriba su epitafio. Unos cuantos renglones bastarán para describir cómo le gustaría que lo recordaran.
3. Reflexione sobre el propósito fundamental de su vida. Tal vez éste tenga relación con las líneas que acaba de escribir.
4. Guarde ese papel, no lo pierda y, en momentos de confusión, léalo. Tome las decisiones que le acerquen más a las líneas que escribió al realizar este ejercicio.

Los resultados del ejercicio del epitafio pueden servir como una brújula que nos indica constantemente el rumbo que escogimos para nuestra vida y nos ayuda a no desviarnos por distracciones. Albert Einstein decía: "No trates de llegar a ser un hombre de éxito, sino un hombre de valor."

2) Análisis interno

"Conócete a ti mismo", decía siempre el Oráculo de Delfos. Todos tenemos cierta idea de quiénes somos. Sabemos que tenemos determinados defectos y virtudes, así como manías y costumbres. Nos vemos al espejo y sabemos que podemos hacer algo para cambiar positivamente la imagen que estamos viendo: el pelo está muy largo, ya volví a engordar, el maquillaje no me sienta tan bien, entre otras muchísimas cosas. Del mismo modo que conocemos nuestras limitaciones físicas —es posible que no podamos ganar una prueba atlética o un concurso de belleza—, también sabemos que en otros planos de la vida estamos sujetos a ciertas restricciones. Un modelo que simplifica y facilita el conocimiento personal (análisis interno) es el que corresponde al análisis de las fortalezas y debilidades personales.

3) Análisis externo

Este tipo de análisis corresponde al ámbito de todo aquello que esta fuera de nosotros: el país, la ciudad, la familia, la sociedad, el trabajo, etcétera. Cada uno de los sistemas en que nos desarrollamos tiene particularidades y muchos de ellos podrían considerarse como oportunidades o amenazas para nosotros mismos. Al igual que en el punto anterior, es adecuado establecer una diferencia entre las oportunidades y las amenazas, pero sugiero analizarlas según los sistemas más importantes en que se desarrolla cada persona.

4) Identificación y selección de alternativas

La tormenta de ideas *(brain storming)* es una técnica que rompe las estructuras de pensamiento tradicionales y nos permite identificar nuevas posibilidades y paradigmas. Hay que imaginar, sin temor a equivocarse, tantas alternativas como sea posible. ¿Por qué no considerar trabajar fuera del negocio familiar o entrar en él? ¿Por qué no pensar seriamente en estudiar una maestría o terminar la preparatoria? ¿Por qué no exportar, vivir en otro país o escribir un libro? Piense inclusive en cosas absurdas para romper las barreras mentales autoimpuestas; no rechace ninguna alternativa. Al valorar y seleccionar estas alternativas quizá encuentre tiempo para llevarlas a cabo. Resulta interesante combinar diferentes alternativas, pues se puedan generar nuevas y mejores posibilidades; por ello, es preciso pensar de manera amplia. Uno de los principios en que se basa la técnica de tormenta de ideas es que la cantidad de las soluciones propuestas determina la calidad de las mismas. De esta idea surgen varias analogías, por ejemplo, en igualdad de circunstancias, ¿qué escuela formará una mejor selección de futbol, la que cuenta con 100 alumnos o la que tiene 1 000 alumnos? Por lo general, la segunda opción es la que se escoge, ya que hay más elementos para seleccionar. Aunque debe tenerse en cuenta que una gran cantidad de posibilidades puede confundir a la persona que decide, pero si se realiza un análisis de selección cuidadoso, casi siempre llega a un buen final.

5) Formulación de estrategias

El diagnóstico de una enfermedad representa uno de los mayores retos para un médico. Cuando se sabe cuál es el padecimiento, se da un paso gigantesco hacia la curación, aunque también es preciso aplicar el tratamiento adecuado. Lo mismo sucede al clarificar el objetivo que se desea perseguir. Walt Disney decía "Si lo puedes soñar, lo puedes hacer." *(If you can dream it, you can do it.)* Claro que las estrategias que se diseñen para alcanzar ese sueño deben ser las adecuadas. Si usted quiere trabajar en la empresa de sus padres y hacer que el negocio crezca y prospere en forma significativa, debe pensar con cuidado sobre los pasos que debe seguir para que esto se vuelva una realidad. ¿Cómo debe prepararse? ¿Debe estudiar una especialización y tener experiencia en otros trabajos?

Las estrategias deben formularse por escrito y detallarse con precisión. Cada una de estas estrategias puede llevar a varias acciones que deben ser ubicadas en el tiempo y medirse.

6) Implementación y monitoreo

A la persona a quien se le diagnosticó una enfermedad y a quien se le aplicó un tratamiento determinado, debe seguirlo al pie de la letra para que sane. De nada servirán los pasos anteriores si el paciente no se toma la medicina que le recetó el doctor. Bill Gates asegura: "La visión es fácil, pero la implementación es muy difícil." Por ello es preciso asegurarse de que las ideas se aterricen eficazmente, lo cual se logra con una buena práctica.

El monitoreo verifica que la implementación se haya realizado con éxito y que se lleven a cabo los pasos contenidos en las estrategias. Es preciso que el monitoreo se lleve a cabo en forma sistemática y permanente.

Hay ocasiones en que, por diversas razones, un plan debe ser modificado. Del mismo modo en que se puede descubrir que un enfermo es alérgico a cierto medicamento o que éste no le surte el efecto deseado, las estrategias pueden no ser las adecuadas para lograr determinados objetivos; por lo tanto, deben ser modificadas. Para identificar si es necesario cambiar las estrategias, es preciso contar con un monitoreo eficaz.

Asimismo, los objetivos pueden cambiar. Así como los seres humanos evolucionamos con el paso del tiempo, nuestras ideas y sueños también lo hacen, por lo que se necesitan realizar ajustes y revisiones periódicos. De hecho, es necesario revisar de vez en cuando cada uno de los seis puntos del modelo anterior.

Este modelo de planeación estratégica personal se refiere fundamentalmente al plano laboral. Para la realización de un plan de vida más completo, hay que considerar otras dimensiones. Constituye una buena idea realizar un recorte anual para revisar los progresos y valorar nuestro desempeño. Por ejemplo, se puede diseñar una hoja de control en la que se califiquen las diversas dimensiones de nuestra vida.

Cada persona debe incluir las dimensiones que son importantes para ella, como las que se ilustran en la hoja de control del cuadro 12.1. En la parte izquierda aparecen las dimensiones que la persona quiere evaluar. En la parte derecha del cuadro (calificación) hay tres columnas que deben ser calificadas. La idea es comparar las evaluaciones actuales (las que corresponden al año que acaba de terminar) con las anteriores (en caso de que no se hubieran hecho evaluaciones anteriormente, debe dejarse en blanco la columna) y dar una calificación a los propósitos (para el año que comienza). Asignar una calificación, que es una cuestión cuantitativa, a temas de orden cualitativo, facilita el monitoreo de las dimensiones elegidas.

Cuadro 12.1 Hoja de control multidimensional.

	Dimensión	Calificación		
		Anterior	Actual	Propósito
Familiar	Matrimonial			
	Fraternal (como hermano)			
	Filial (como hijo)			
	Paternal / Maternal (como padre/ madre)			
Laboral	Eficacia en el trabajo			
	Contribución a la organización			
	Desarrollo profesional			
Otros	Intelectual			
	Espiritual			
	Salud			
	Deportiva			
	Artística			
	Social			
	Incluya todas las dimensiones que le parezcan importantes			

Puede elegir la escala de medición que desee (por ejemplo, del 1 al 10).

Ejercicio de identificación de los valores y las metas personales

El propósito del siguiente ejercicio es ayudar a identificar los valores y las metas personales. Conteste las siguientes preguntas lo más honestamente posible. No hay respuestas correctas o incorrectas.

1. Enumere 10 cosas que siempre ha querido hacer y que aún no ha realizado.
2. Enumere 10 de sus mayores logros.
3. Enumere sus peores hábitos.
4. Compre en alguna tienda que no necesariamente tenga relación con sus preferencias.
5. Coma o charle con alguien a quien no le tenga mucha simpatía, asumiendo una buena disposición hacia él o ella.
6. Describa en forma detallada a tres personajes reales o ficticias —presentes o históricas— que usted admire, e indique por qué.
7. Si ganara el premio mayor de la lotería, ¿qué haría con su vida?
8. ¿Qué valor moral es el más importante y significativo que aprendió de sus padres u otras personas durante su desarrollo?
9. Si pudiera vivir en cualquier parte, ¿dónde y cómo viviría?
10. Si pudiera iniciar su vida de nuevo, ¿cuál sería el cambio más significativo que haría?
11. Después de su muerte, ¿qué sería lo más importante por lo que le gustaría ser recordado?

Evalúe sus respuestas

Si respondió con sinceridad a las preguntas de los puntos anteriores, debe haber recopilado gran cantidad de información acerca de usted. Ahora, junte todas sus notas y comience a indagar en ellas. Léalas una y otra vez hasta que comience a ver patrones, ya sea en su comportamiento, en sus creencias o en su forma de pensar. Estos patrones serán los fundamentos de su nuevo plan de vida.

La intuición

Confía en el instinto hasta el final, aunque puedas rendirte a la razón.
Ralph Waldo Emerson

Un plan de vida hecho en forma racional y consciente puede ser incompleto e inadecuado. La dimensión cognitiva es un elemento fundamental, pero no es posible encontrar todo lo que deseamos si se apela sólo a nuestra inteligencia. Hay una parte sensible e intuitiva en nuestro interior que bien vale la pena escuchar cuando se toman decisiones relevantes.

Durante mi estancia posdoctoral en Boston, Marcia Cole, una compañera de trabajo con quien habitualmente sostenía conversaciones de corte espiritual, me regaló un libro titulado *Developing Intuition* (Gawaian, 2001), que llegó a convertirse en mi libro de cabecera. Este libro me convenció de que en realidad existen varias voces en nuestro interior, por lo que no basta con escuchar sólo "unas cuantas voces" para tomar decisiones acertadas, sino que se deben escuchar otras, como la voz de la intuición. Según el autor del libro, cada persona tiene diversas voces que se manifiestan internamente y que quieren ser escuchadas por nosotros mismos. Entre ellas podrían estar las voces del niño, del padre, del temeroso, del suicida, del mártir, etcétera. Cada situación puede provocar que se manifiesten varias voces al mismo tiempo, pero solemos atender la que se manifiesta con mayor intensidad. Identifique sus diferentes voces interiores. Escúchelas.

De todas ellas, solemos tener una voz primaria que generalmente toma las decisiones y dirige nuestra vida. Su propósito es noble y pretende que seamos felices tanto al protegernos y alejarnos de peligros como al acercarnos a las personas que queremos, pero no siempre es la voz acertada. Esa voz primaria puede esforzarse en mantener calladas a las otras voces porque así es como, según ella, se toman las mejores decisiones. La intuición es una de esas voces que suelen ser acalladas. Le sugiero hacer el siguiente ejercicio para identificar las diferentes voces de su interior, sobre todo la voz de la intuición.

Ejercicio sobre la intuición

Ponga atención en los pensamientos que cruzan por su mente, respire profundamente durante cinco minutos. Siéntese en una posición cómoda y cierre los ojos. Relájese e identifique sus diferentes voces internas. ¿Qué le dice cada una? Tómese unos minutos para escucharlas. Ahora, respire con profundidad varias veces y ponga atención en su pecho, específicamente en el plexo solar y en el corazón. Imagine un sabio yo en ese preciso lugar y trate de percibir su voz: es la intuición. Pregúntele si tiene algo que decirle y sea perceptivo. Permanezca escuchando la voz de la intuición unos cuantos minutos. Repita este ejercicio hasta que identifique por completo esa voz intuitiva.

Aquel que ha logrado identificar la voz de la intuición ha encontrado un tesoro, que podría perderse si no se cuenta con la voluntad y el coraje para seguir su consejo.

Las generaciones menores y sus planes

El hombre no vale por lo que ya tiene, sino por aquello que aún no alcanza y por lo que podría tener.
Jean Paul Sartre

En un sinnúmero de casos los miembros de las generaciones menores que se integran a las empresas de sus padres no se cuestionan mucho sobre ello. Muchos cumplieron su sueño al incorporarse a la empresa familiar y, gracias a su vocación, interés y compromiso hacia la empresa, realizan una brillante carrera profesional y contribuyen a la familia, a la empresa y a la sociedad en general. Otros menos afortunados también se incorporaron a la empresa familiar, pero dejaron a un lado sus sueños, los cuales apuntaban hacia otra dirección. Las expectativas de la familia eran más poderosas que sus sueños. Esos jóvenes podrán ser felices y eventualmente realizar su trabajo con eficacia, pero siempre habrá algo que les recuerde que no siguieron el camino que los llamaba. Podrían haber sido brillantes escultores, grandes pianistas o simplemente haber creado un negocio independiente al de su familia, pero no lo hicieron y tal vez ya sea demasiado tarde. Varias de estas personas no encontrarán sentido en lo que hacen, por lo que es posible que no se desempeñen con gran dedicación y lejos de beneficiar a sus organizaciones, lleguen a perjudicarlas.

Los jóvenes deben descubrir sus talentos y trazar sus caminos. Entre tanto, los padres deben escucharlos y auxiliarlos en la medida de lo posible. Muchos jóvenes tienen la fortuna de que sus familias pueden apoyarlos para alcanzar sus fines dentro o fuera de la empresa familiar, pero otros se ven forzados a seguir un camino so pena de no recibir apoyos si no eligen el camino que se les indicó. A continuación planteo una serie de preguntas, propias de las empresas familiares, para que sean analizadas y respondidas por los miembros de estas organizaciones.

Cuadro 12.2 Preguntas para sucesores y sucedidos.

Para los futuros sucesores (hijos)	Para los futuros sucedidos (padres)
¿He contemplado otras posibilidades de trabajo además de la que se presenta en la empresa de mi familia?	¿He apoyado a mi hijo para que encuentre el camino profesional que desea, incluso si va en contra de mis expectativas?
Si trabajara en la empresa de la familia, ¿realmente sería capaz de desempeñarme con eficacia y aportar valor?	¿Estoy invitando a mi hijo a la empresa de la familia, a pesar de saber que no tiene las cualidades requeridas por la organización?
¿Tengo el interés de diseñar con mis superiores y cumplir un plan de carrera que me permita prepararme para el futuro?	¿Tengo la voluntad de diseñar y cumplir un plan de carrera (o sucesión) para que los menores me sucedan?
¿Los valores y objetivos de la empresa familiar son compatibles con los míos?	¿Los valores y objetivos de mi hijo son compatibles con los de la empresa de la familia?

Recordemos el tema de los prisioneros en las empresas familiares tocado en capítulos anteriores. No olvidemos que es posible que nos convirtamos en uno de ellos, ya sea porque entramos a la empresa de la familia no debiéndolo hacer o porque renunciamos a ella cuando nuestro llamado era estar en la empresa.

Los objetivos personales, de la empresa y de la familia

En las empresas familiares exitosas coinciden los objetivos de la empresa con los de sus propietarios y colaboradores. Es deseable que los objetivos personales de los trabajadores (incluidos en forma individual cada miembro de la familia), de la familia como grupo y de la empresa coincidan en el mayor grado posible. En la figura 12.2 se ilustra esta situación (Handler, 1994).

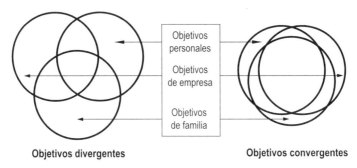

Objetivos divergentes   **Objetivos convergentes**

Figura 12.2 Objetivos convergentes y divergentes.

En el corto plazo, los objetivos de la familia y de la empresa pareciera que están enfrentados, pero en el largo plazo tienden a reconciliarse, pues al verse fortalecido el negocio, la familia es la principal beneficiaria. Es importante no dejar de lado los objetivos personales y verificar si están en concordancia con los objetivos de la familia y de la empresa. En la parte izquierda de la figura se observa que los objetivos personales, los de la empresa y de la familia son divergentes y que existe una pequeña área de intersección entre ellos. Por el contrario, a la derecha de la figura se observa que la coincidencia de ellos es mucho mayor, situación que resulta deseable para cada uno de los tres elementos. Evidentemente, la marcha de la empresa será mejor en el segundo caso.

El tema de los objetivos en las empresas familiares es relevante, aunque no siempre se le ha dado su debido lugar. Si se clarifican los objetivos entre la familia y la empresa, se reduce la ambigüedad y, por consiguiente, se disminuye la tensión en las organizaciones familiares. Del mismo modo en que los objetivos entre la empresa y la familia pueden diferir, los valores entre estos dos subsistemas pueden variar.

Capítulo 13

Planificación de la sucesión

No esperes de hacer de tu hijo un gran hombre. Hazlo un gran niño.
Proverbio ruso

La gran mayoría de los negocios que se inician fracasan. Se estima que tan sólo uno de cada tres negocios continúan después de seis años de iniciadas sus operaciones (Timmons, 2000) y las principales causas de su desaparición son los factores económicos, los financieros y la inexperiencia.

Analizando la figura 13.1, es posible observar que la mayoría de los negocios (en México) son jóvenes, ya que 62.8 por ciento tiene 10 años o menos. Siguiendo la tendencia que muestra la figura, se puede inferir que la mayoría de los negocios jóvenes no lograrán alcanzar el largo plazo. Dado este panorama desolador, todos aquellos empresarios que logran que sus organizaciones sobrevivan, pueden considerarse grandes triunfadores, aunque todavía no deberían cantar victoria.

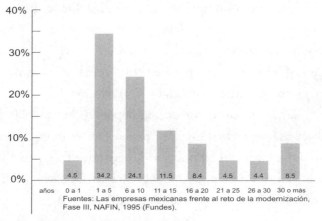

Figura 13.1 Supervivencia en empresas mexicanas.

Aproximadamente una de cada tres empresas familiares logran pasar exitosamente a la siguiente generación, por lo que también para ellas son contrarias las posibilidades de supervivencia (Handler, 1994).

La sucesión representa la verdadera prueba de fuego para las empresas familiares, así que deben enfrentarla con plena conciencia. Por desgracia, muchos empresarios no la planifican y ni siquiera eligen con tiempo a sus sucesores. En un estudio realizado por el Raymond Institute (2003), se determinó que sólo 42 por ciento de los propietarios que dejarán el negocio en los siguientes cinco años ha elegido a su sucesor. Esta situación es dramática, ya que en muchos casos se elegirá al nuevo líder de un modo poco planeado y en forma precipitada. Esto se confirma con los hallazgos del mismo instituto, el cual encontró que en Estados Unidos 63 por ciento de las empresas familiares carece de un plan estratégico y guía sus esfuerzos por acciones improvisadas.

Frente al negro panorama sobre la sucesión, las empresas familiares pueden inspirarse en otras empresas exitosas. Existe una asociación mundial que agrupa a organizaciones de diversas partes del mundo que han conservado su naturaleza familiar por más de 200 años, llamada "Les Hénokiens". Empresas como Codorniú (vinos, España, desde 1551), Bereta (armas, Italia, desde 1526) y J. D. Neuhaus (grúas, Alemania, desde 1745) son parte de esta asociación. (Visite la página www.henokiens.com)

La sucesión involucra a los tres subsistemas de la empresa familiar (la empresa, la familia y la propiedad) y durante este proceso cada uno de éstos experimenta cambios importantes. En cuanto a la empresa, el director será reemplazado y esto significa una gran revolución que puede causar incertidumbre entre todos los que, de alguna manera, dependen de ella, como son los trabajadores, los proveedores y los clientes. Con el cambio de liderazgo, las empresas podrían transformar su cultura, políticas, estructura, salarios, ubicación, etcétera. Con relación a la familia, la sucesión puede ser traumática, comenzando por el sucedido (fundador), quien deberá buscar otras alegrías y papeles en la vida. La propiedad cambia su configuración al ser transferida a los sucesores y este hecho impactará notablemente a los otros dos subsistemas. De hecho, el proceso de sucesión suele ser decidido sobre la configuración de la nueva propiedad.

Quien controla la propiedad ejerce el poder y, si lo desea, la dirección de la empresa puede delegarse si se decide nombrar a un director general.

El proceso de sucesión es un fenómeno muy complejo, en el cual participa una gran cantidad de actores. Por lo general, es un proceso largo que, si se planifica, durará de 10 a 15 años y que involucra varias etapas. Por desgracia, las situaciones imprevistas originan que este proceso sea más corto, como en el caso del fallecimiento de los dueños y directores o las desavenencias entre familiares (e incluso la ruptura de relaciones entre ellos).

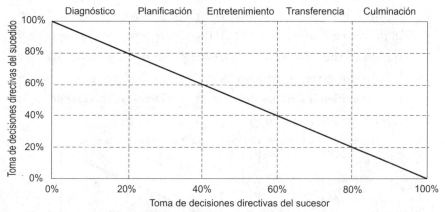

Figura 13.2 Etapas del proceso de sucesión: influencia del sucesor y del sucedido.

El proceso completo que involucra la elaboración de un plan se describe en la figura 13.2. Se aprecia una línea diagonal que describe el grado de influencia en la organización (toma de decisiones decisivas) tanto del sucesor como del sucedido, la cual es inversa, pues a medida que uno tiene más influencia, el otro tiene menos. Además, existe un balance de fuerzas al centro de la gráfica.

Modelo del proceso de sucesión

El fenómeno de la sucesión, desde el punto de vista práctico, se inicia desde el momento de la concepción de los hijos del fundador. De hecho, varios de ellos, antes de tener descendientes, se han imaginado que sus futuros hijos podrían dar continuidad a su negocio. Desde pequeños, los jóvenes se interesan por el trabajo de sus padres y aprenden de ellos en cada momento que comparten. Aunque son jóvenes para asumir el control de la empresa, el proceso ya se ha iniciado. No existe un claro punto de partida, pero suele coincidir con las primeras experiencias profesionales de los hijos. Por ejemplo, habrá quienes al terminar su carrera universitaria decidan laborar fuera de la empresa familiar teniendo en mente incorporarse a ella en un futuro.

Muchos de estos jóvenes tienen su primera experiencia profesional en la empresa de la familia, en cuyo caso el fenómeno de sucesión comenzará cuando se integren a ella, esto es, la fase de diagnóstico, que es la primera fase del proceso de sucesión y que, al igual que las otras, puede tener una duración de dos a tres años. En la figura 13.3 aparece la duración total del proceso de sucesión, así como las edades promedio del sucesor y del sucedido en cada una de las etapas del proceso. Cabe mencionar que el modelo propuesto representa un "ideal"; desgraciadamente en muchos casos no se cumplen las etapas descritas. Podría verse el modelo desde la perspectiva normativa.

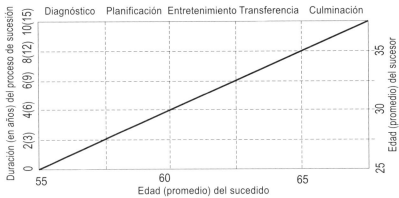

Figura 13.3 Etapas del proceso de sucesión: edades del sucesor y del sucedido.

Fase I o de Diagnóstico

En esta fase el fundador observa a su alrededor y se pregunta qué será de su organización en el futuro. "¿Viene alguien detrás de mí? ¿Alguno de mis hijos se interesará por el negocio?", son algunas de las preguntas más comunes que se formulan los fundadores durante esta fase. Es posible que algunos de los descendientes se hayan incorporado a la organización, pero aún están muy "verdes" como para decidir su futuro en relación con la empresa. Por un lado, hay cuestionamientos sobre la naturaleza de la empresa: ¿Vale la pena continuar el negocio? ¿Ofrece buenas posibilidades a los descendientes o es mejor que busquen un camino diferente? ¿Cuántos descendientes cabrían en esta organización? En fin, durante esta primera fase el fundador hace un diagnóstico tanto del subsistema de familia (aquellos posibles candidatos a incorporarse o a sucederlo en la empresa) como del subsistema de empresa. Por otro lado, también surgen algunas preguntas relativas a la propiedad. Cuando llegue el tiempo de retirarme, ¿venderé o heredaré la empresa? Si la heredo, ¿fraccionaré la propiedad o la concentraré en una sola persona?

Durante estos dos o tres años de la primera fase existe una gran incertidumbre, aunque no es urgente que se despejen las incógnitas planteadas. En esta fase de diagnóstico los accionistas pueden diseñar el perfil de los sucesores ideales, así como la forma de configurar la nueva propiedad.

Fase II o de planificación

Según la jerga boxística, el primer round para la empresa suele ser de reconocimiento. De este modo, se ha hecho un diagnóstico del potencial de la empresa y de los miembros de la familia como posibles sucesores y se ha determinado quiénes podrían comprometerse con la empresa y, pese a que aún son jóvenes, comienzan a darse cuenta de lo que puede esperarse de ellos. Después de la fase de diagnóstico, se clarifica cuáles son las características de propiedad y dirección que se desean para la organización en un futuro. En algunos casos, los posibles sucesores ni siquiera se han incorporado a la empresa, tal vez porque están realizando algunos estudios de posgrado o trabajando en otras organizaciones, pero ya se conocen sus capacidades e intenciones. En la fase de planificación se hace el plan de sucesión, el cual debe ser elaborado entre los posibles sucesores y quienes serán los sucedidos. Un plan de sucesión diseñado sólo por el líder, sin involucrar a los posibles sucesores, tiene mayores probabilidades de fracasar.

El plan de sucesión

El proceso de sucesión en estas empresas suele estar impregnado de muchas emociones que pueden provocar enfrentamientos en la empresa y en la familia, lo cual propicia la creación de bandos o grupos. Para mantener la unidad, es importante realizar un plan detallado de sucesión en el que participen en distintos niveles las personas involucradas. Al ubicar el proceso de sucesión dentro del marco de un plan donde posiblemente varios elementos han participado en él, no sólo se gana legitimidad sino también la aceptación de las personas que se hallan involucradas en el proceso. Con esto no sugiero que el proceso de planeación sea democrático, sino simplemente que si se realiza en forma adecuada y se invita a que otros opinen, éste tendrá mayor aceptación. En la fase de planificación se aclara quiénes pueden ser los posibles sucesores y se elaboran minuciosamente los planes para controlar el proceso de sucesión. Un plan de sucesión debe contemplar los puntos siguientes para que realmente pueda incrementar sus posibilidades de éxito.

a) Compromiso de la dirección hacia el plan

Los directores de las empresas familiares que por lo general son sus propietarios y fundadores suelen estar enfocados en las acciones, gracias a ello sus empresas prosperan. Su preocupación fundamental radica en el día a día, y para muchos no tiene sentido invertir su tiempo en la elaboración de planes que quizá nunca lleguen a realizarse. Para ellos siempre será más importante, por ejemplo, invertir su tiempo en visitar a un cliente que quedarse en la oficina realizando un plan. Estos "hacedores" deben tener claro que la planificación podría ser la actividad más rentable de todas las que se realizan cotidianamente, y también deben comprender que la no planeación tiene costos muy altos. Lograr el compromiso de la dirección respecto del plan es el punto de partida; sin éste, no vale la pena esforzarse para realizarlo.

b) Diseño de la organización deseada

Tal vez la organización haya realizado la planeación estratégica y tenga bastante claro hacia dónde se dirigirá y cómo lo hará, lo cual aporta información valiosa para elaborar el plan de sucesión. Si no se cuenta con este elemento será necesario plantear los diversos caminos que una empresa podría seguir. Una vez trazados éstos se podría diseñar finalmente el futuro deseado. Con base en este diseño se podrán precisar los perfiles de los futuros directores (sucesores).

c) Definición de los perfiles de los futuros directores

Con la información recabada en el punto anterior se puede clarificar el perfil que un directivo debe tener. Claro que, en el caso de empresas familiares, suele existir cierta flexibilidad en el perfil, a tal grado que los posibles sucesores puedan ser moldeados para que se acerquen al perfil deseado. Sin embargo, sería peligroso para la empresa modificar el perfil y adoptar uno que no corresponda a los intereses de ésta, sólo para que el candidato de la familia se quede en el puesto.

Existen otros tres puntos complementarios para redactar el plan de sucesión (d, e y f), que corresponden a las Fases III (entrenamiento), IV (transferencia) y V (culminación) del modelo del proceso de sucesión, que se detallan a continuación.

Fase III o de entrenamiento

Conociendo las habilidades actuales de los sucesores y sabiendo cuáles son las que deberían tener al momento de asumir el liderazgo, es posible trazar un plan que incluya tomar cursos, realizar estudios de posgrado, desarrollarse en diversos puestos y llevar a cabo múltiples actividades e, incluso, trabajar fuera de la compañía. Así, al final del periodo de entrenamiento, los sucesores se encontrarán a la altura de los puestos que van a asumir. En realidad, aunque los sucesores no tengan un plan detallado de entrenamiento, el trabajo cotidiano termina por ser el mejor entrenamiento. Sin embargo, debe complementarse con otros elementos para lograr una mejor preparación. Con frecuencia, los hijos e hijas de los empresarios se incorporan a las organizaciones de su familia sin una experiencia laboral previa. Quienes han tenido la fortuna de trabajar en diversos lugares antes de integrarse a las empresas de sus familias, pueden ver con claridad los beneficios de haber trabajado antes para otras organizaciones, como por ejemplo:

a) *Sentimiento de seguridad.* Sentir que se tienen otras alternativas además de las que se presentan en la familia provoca un sentimiento de libertad y seguridad. Haber tenido una experiencia fuera de la empresa da la tranquilidad de poder trabajar en otras organizaciones.

b) *Se aprende a mandar recibiendo órdenes.* ¿Cómo se puede dirigir acertadamente si no se ha tenido la experiencia de haber sido dirigido por otras personas? Ponerse en los zapatos del subordinado significa comprenderlo mejor y, si se ha tenido la suerte de estar bajo las órdenes de otros, es más fácil lograrlo.

c) *Incorporación de ideas diferentes.* Las personas que sólo han trabajado en una institución pueden experimentar la llamada ceguera de taller, es decir, les resulta difícil incorporar ideas novedosas y detectar vicios y prácticas inoperantes, cuestiones que son fáciles de realizar para quienes se formaron en otras empresas.

A todos aquellos que se incorporaron a las empresas de sus padres sin tener una experiencia previa, les recomiendo no ocupar un cargo directivo desde su contratación, sino escalar puestos poco a poco. También les sugiero vincularse a otras empresas. La ceguera de taller es una enfermedad que puede curarse si se observan otras prácticas organizacionales.

Fase IV o de transferencia

Existe un periodo en el que ambas generaciones comparten las decisiones en torno a la organización, aunque formalmente sólo uno de ellos es el que ostenta el cargo de director general. Del mismo modo en que no se puede hablar de un atardecer o de un amanecer inmediato, como si se tratara de apagar o prender un foco, la fase de transferencia es gradual, ya que el control de la dirección de la empresa se entrega y se asume en forma dosificada. Es una fase complicada, pues genera tensiones entre todos aquellos que se relacionan de alguna manera con la empresa. Por ello, esta fase debe contemplar un plan de comunicación que aclare el panorama de todos los involucrados con la compañía, especialmente de los trabajadores, los accionistas, los clientes y los proveedores.

Fase V o de culminación

En el futbol hay una frase que dice "El último minuto también tiene 60 segundos". No es posible cantar victoria hasta concluir con éxito el proceso de sucesión y éste no termina el día en que el fundador "entrega las llaves". Hay veces que cuando todo parece controlado, sobrevienen problemas que hacen fracasar la sucesión. Uno de los ejemplos más comunes es el regreso del fundador o sucedido, quien por no sentirse bien fuera de la compañía, desea regresar, lo que afecta todo el proceso. Por otro lado, el sucesor también podría experimentar algunos problemas de adaptación ante la nueva responsabilidad, produciéndose así cambios de última hora.

Plan de contingencia

La casualidad podría ser el pseudónimo de Dios cuando no quiere firmar.
Anatole France

"Hombre precavido vale por dos", dice el refrán que sugiere elaborar un *plan b* por si fuera preciso modificar el plan de sucesión.

Como no se puede prever el futuro, es imposible diseñar un plan alternativo que proponga soluciones antes de saber los problemas que se pueden presentar. Por ello, el plan de contingencia debe ser de orden general. Este plan, por ejemplo, podría contemplar a los cónyuges e hijos pequeños que aún no se incorporan a la empresa o a otros miembros de la familia que no se habían considerado como opciones de sucesión, los cuales deben recibir un curso básico sobre la administración del negocio de la familia. En fases avanzadas de sucesión es posible que también se requiera implementar un plan de contingencia, principalmente si se sospecha que el sucesor no está a la altura del puesto requerido y sea necesario removerlo. También se puede dar el caso de que el sucesor sea quien decida cambiar de planes, de modo que el sucedido estará en aprietos por no haber diseñado un plan de contingencia adecuado, y una vez más se encontrará en la primera fase del proceso de sucesión, pero a una edad más avanzada. No se sabe por dónde llegará el toro, pero hay que preparase con un buen calzado y ropa cómoda para echar a correr si es que nos encontramos con él.

Tipología de la sucesión (analogía con la entrega de la estafeta)

"El tango se baila entre dos", dice un refrán popular, así que propongo una nueva tipología sobre del proceso de sucesión que tiene en cuenta a quienes entregan y reciben la estafeta. Para ilustrar esta tipología es preciso que imagine a dos corredores, uno que lleva la estafeta y otro que espera recibirla. Es posible que en alguna época de su vida el lector haya participado en una carrera de relevos o, al menos, que haya visto una competencia de éstas en las olimpiadas o en algún otro evento.

El proceso de entrega de estafeta posee grandes semejanzas con el proceso de sucesión, a continuación ilustro algunas de éstas (vea el Cuadro 13.1):

Cuadro 13.1 Analogía sobre el cambio de estafeta.

Cambio de estafeta (atletismo)	Cambio de estafeta (proceso de sucesión en la empresa)
Hay una determinada longitud para realizar un cambio, pasando ese límite viene la descalificación.	Existe un lapso prudente para llevar a cabo el proceso de sucesión, después de éste se pierde el *momentum*.
En la entrega de estafeta ambos corredores deben mantener la misma velocidad (máxima posible).	Al tomar el control, la generación más joven debe poseer las habilidades necesarias para dirigir la empresa.
Los corredores no deben salir del carril que les fue asignado.	La sucesión debe ser planificada para evitar improvisaciones de última hora.
El corredor que recibe la estafeta debe calcular cuándo iniciar su movimiento (seis, siete u ocho metros antes de su punto de partida).	La planeación de la sucesión debe iniciarse con mucho tiempo de antelación (cinco, 10, 15 años antes).
Es preciso que el corredor que recibe la estafeta la tome con fuerza y no la suelte.	Se requiere el compromiso y la dedicación de los sucesores cuando reciben la dirección de la empresa.
Para hacer una buena carrera de relevos, además de que cada miembro del equipo debe correr a su máxima velocidad, se debe realizar un cambio de estafeta eficaz.	En la medida en que el proceso de sucesión sea bien planeado y ejecutado, será menos traumático y más beneficioso para la empresa.

Relevo intransferido

El corredor inicial sostiene firmemente la estafeta y no la suelta, a pesar que su compañero tiene la posición y la velocidad para recibirla. El corredor inicial, sorprendiendo a su compañero, continúa su trayectoria sin entregar la estafeta.

Figura 13.4 Relevo intransferido.

- El fundador ejerce un control absoluto y no está dispuesto a cederlo por diversos motivos.

- No está dispuesto a dejar de ser la cabeza de la organización, incluso a costa de poner en riesgo a la empresa.
- Los sucesores se frustran al saber que su crecimiento, desarrollo y, en muchos casos, su felicidad, dependen esencialmente de que el líder salga de la empresa.

La frase del sucesor es:	La frase del sucedido es:
¿Cuándo te retiras?	Cuando muera todo esto será tuyo.

Relevo arrepentido

El corredor inicial se aproxima al siguiente corredor y ambos se preparan para realizar el cambio. Todo está listo y, cuando el segundo corredor está dispuesto a salir corriendo con la estafeta, el corredor inicial no la suelta bajo ningún motivo, ambos corren con la estafeta tropezándose uno a otro.

Figura 13.5 Relevo arrepentido.

- El fundador realiza planes de sucesión que no implementa.
- Quizá se retira por una temporada, pero regresa a la empresa por no encontrarse satisfecho con su retiro.
- Es posible que se vea obligado a regresar por la falta de capacidad de la siguiente generación.

La frase del sucesor es:	La frase del sucedido es:
Dijiste que te retirabas este año.	Me voy a retirar el año que viene.

Relevo fallido

Los corredores no pueden hacer un cambio eficaz, según lo habían planeado, porque no hay coordinación entre ellos. La estafeta no es pasada con se-

Figura 13.7 Relevo fallido.

guridad y mantienen diferentes velocidades, por lo que tienen que hacer ajustes en su carrera para no chocar o para que el corredor inicial pueda alcanzar al segundo corredor. Asimismo, pueden salirse de su carril o dejar caer la estafeta.

- El relevo fallido es típico de sucesiones no planificadas e improvisadas.
- Existe gran ambigüedad sobre los planes del líder.

Las preguntas básicas de quién, cómo y cuándo, relativas a la sucesión, permanecen sin contestar.

La frase del sucesor es:	La frase del sucedido es:
¡Tú tienes la culpa!	¡Tú tienes la culpa!

Relevo eficaz

El cambio se da conforme a lo planeado. Se realizó con tiempo un plan de entrega de estafeta que se siguió adecuadamente. Incluso llegaron a presentarse contratiempos, pero gracias a que se previeron contingencias, el relevo es transferido en forma exitosa.

Figura 13.7 Relevo eficaz.

- Hay coordinación y cohesión entre sucesor y sucedido.
- El sucedido deja que el sucesor asuma su nuevo cargo y se retira conforme se planeó.

El sucesor tiene el nivel requerido para el puesto.

La frase del sucesor es:	La frase del sucedido es:
Gracias papá (mamá).	Gracias hijo (hija).

Alternativas a la sucesión en la empresa familiar

He comentado que la prueba de fuego de la empresa familiar es la sucesión y que, por desgracia, pocas empresas logran pasar por este proceso con éxito. Sin embargo, podría ser que transferir la dirección de la empresa a la siguiente generación no sea la solución más conveniente e, incluso, podría ser una decisión equivocada. A continuación mencionaré algunos de estos casos.

- Las relaciones familiares entre sucesores son malas, por lo que poner en manos de ellos el negocio los enfrentaría aún más.
- Los intereses de los descendientes y posibles sucesores no se relacionan con el giro de la compañía.
- Ninguno de los posibles sucesores en la familia tiene las características necesarias para asumir el control de la empresa.
- El negocio es riesgoso, está en declive o puede pertenecer a un segmento económico que tendrá poco desarrollo en el futuro.
- Existe una oferta de adquisición de la empresa muy interesante por parte de compradores ajenos a la familia.
- A pesar de que a los sucesores les interesa continuar con el negocio y cuentan con la capacidad para ello, tienen mejores alternativas profesionales.
- La familia requiere de liquidez, los padres para su retiro y los hijos para gastos e inversiones diversas.

El final de un negocio familiar puede ser algo triste, pero también puede generar más alegrías que tristezas. Yo tengo un ejemplo de familia que avala lo anterior. Mi padre, a los pocos años de emigrar a México proveniente de España, emprendió el negocio de una ferretería. Mis hermanos y yo íbamos a la empresa desde pequeños y nos emocionaba el sonido de los fierros y el motor de los camiones. Mientras estudiábamos la preparatoria y la universidad, guardábamos tiempo para visitar el negocio. Al final, cada uno eligió un camino diferente al que presentaba el negocio familiar y nuestro padre fue profundamente respetuoso con nuestras elecciones. Cuando tuvo claro que no habría sucesión, pues ya tenía edad para retirarse, vendió el negocio con gran tristeza. El día de hoy, sus alegrías superan por mucho la tristeza que sintió en ese momento y disfruta enormemente ver que cada uno de sus hijos se desarrolló en el campo que eligió. "¡Cuéntenme de sus éxitos!" es una de las solicitudes que nos hace cada vez que estamos con él.

Figura 13.8 Alternativas de sucesión.

Hay varias alternativas que un empresario puede considerar para elegir el futuro de su organización y en la figura 13.8 se describen algunas de las más importantes. Aparece un cuadrante de "otras opciones" que abre el abanico de posibilidades al infinito. A continuación, se describe cada una de ellas.

a) Continuar con la operación cotidiana (no hacer nada)

Ésta suele ser una alternativa peligrosa, aunque ocasionalmente puede funcionar. El empresario es llevado por la inercia y deja que el tiempo pase inexorablemente. Hay veces que es imposible hacer otra cosa, dadas las circunstancias familiares y empresariales.

b) Transferir la propiedad y la dirección a miembros de la familia

Normalmente, esta alternativa es el sueño de la familia, pues así se da continuidad al negocio familiar. Si se toman buenas decisiones de sucesión y los descendientes tienen la altura requerida para los puestos, las posibilidades de éxito se incrementan. Aunque también puede propiciar distanciamientos entre familiares si se complica el proceso de sucesión. Según el Raymond Institute (2003), 39 por ciento de los negocios familiares en Estados Unidos cambiará de líder en los siguientes cinco años, 88 por ciento de los directores de estas empresas desea que las compañías sigan siendo controladas por sus familias, mientras que 85 por ciento quiere que el siguiente director sea un familiar.

c) **Conservar la posesión en familia y contratar a un director externo**
Es posible que la familia juzgue conveniente contratar a un director general ajeno a la familia, pues es probable que no haya en casa una persona que pueda ejercer ese papel o se quieran evitar controversias de orden familiar. En cualquier caso, así se conserva la propiedad y se delega la dirección a un externo. Por lo general, esta alternativa no es factible en empresas muy pequeñas.

d) **Vender parcialmente la empresa y conservar una parte de ella**
Esta opción es una alternativa mixta, en donde el empresario obtiene liquidez por la venta de parte de sus activos y continúa con la operación de un negocio de menor tamaño. Dentro de este punto cabrían alternativas muy diversas.

e) **Vender a otras personas o instituciones**
La empresa puede resultar interesante para otros inversionistas, como competidores, empleados u organizaciones. Ésta es la opción más socorrida de todas. Para estimar el precio adecuado es conveniente hacer valuar la compañía, estimando sus beneficios y conociendo el valor de mercado para firmas similares. Se dice que las cosas valen tanto como lo que otros estén dispuestos a pagar por ellas.

f) **Liquidar la empresa**
Cuando no hay sucesión en la empresa y nadie ofrece un precio adecuado para su venta, aparece la opción de liquidación, en la que se rematan los activos y se cumplen con los pasivos para cerrar la compañía.

g) **Cotizar en la Bolsa**
Éste es el sueño de muchas organizaciones que han alcanzado un tamaño importante y sus ventas anuales son de, por lo menos, algunas decenas de millones de dólares. Además, representa una

fuente importante de financiamiento, un mecanismo eficaz en la transmisión de acciones entre familiares y ajenos a la familia. Es posible conservar el control familiar de la empresa si, a pesar de elegir esta opción, la familia conserva la mayoría de las acciones o si se emiten acciones sin derecho a voto para que miembros ajenos a ella las adquieran.

h) **Otras opciones**

Aquí hay un sinnúmero de posibilidades, tantas como el lector quiera, ya sea contratar a un director interino, fusionar la empresa y ceder la dirección, donar la compañía a instituciones de beneficencia, transformar la firma en una fundación, etcétera. De hecho, dentro de este cuadrante caben combinaciones de las alternativas antes expuestas, pero no sería posible ubicarlas en una casilla definida. Por ejemplo, se podría cotizar en bolsa, liquidar una parte, contratar a un director profesional y, aún así, la familia podría conservar el control de la propiedad.

Marco Legal de la sucesión

Lo que a continuación se expone se basa en el escrito de Alfonso Zermeño Infante (2002), Notario Núm. 5 de la Cuidad de México, de la *Revista de derecho notarial*.

Si de algo estamos seguros es que vamos a morir. Puede ser desagradable pensar en la muerte, pero no hacerlo lleva a omisiones que pueden tener repercusiones importantes en los descendientes. No pensar en ella puede incluso ser irresponsable, aunque por otro lado, pensar obsesivamente en ella puede provocar algunos trastornos.

En Derecho, la sucesión constituye un cambio de titular en una relación jurídica que subsiste. En otras palabras, es la transmisión de derechos y obligaciones de un sujeto a otro. La transferencia de la propiedad de una cosa no es la transferencia de la cosa; es la transferencia del derecho que se tiene sobre ella. En la sucesión hereditaria o por causa de muerte, al dejar de existir el de cujus (cuya sucesión se trate), su personalidad y patrimonio quedan en situación de liquidación. El patrimonio es llamado "herencia" y pasará a manos de un nuevo titular, el cual es el heredero o legatario. Por esta razón, la transmisión de los derechos y obligaciones está supeditada a la consumación de la muerte. Cuando fallece la persona se realiza una transferencia de sus derechos y obligaciones. Existe una transmisión del patrimonio que pertenecía al difunto a otro u otros sujetos que lo suceden, pero no de todos sus derechos, ya que algunos de ellos podrían crearse o extinguirse. El derecho hereditario tiene su fundamento racional en la necesidad de evitar que las relaciones jurídicas patrimoniales de quien deja de existir sufran perjuicio por el fallecimiento de su titular, pues ello repercutiría en forma negativa en la sociedad en general.

Especies de sucesiones

Los estudiosos del derecho sucesorio convienen en que existen tres especies de sucesiones: la *testamentaria*, la *legítima* y la *mixta*.

El primer tipo de sucesión es aquella que se funda en la manifestación libre y expresa de la voluntad del de cujus sostenida en un testamento. La sucesión legítima es aquella en la que el de *cujus* no ha expresado su voluntad sucesoria en un testamento, por lo que su falta es suplida por la ley, es decir, por el código civil, el cual establece la forma, los términos y las condiciones que regirán la sucesión hereditaria cuando no se ha dictado un testamento.

La mixta es aquella sucesión en la que una parte de la herencia es sujeta a lo dispuesto por el de cujus en un testamento y otra parte de la herencia se rige según lo establecido por la ley, pues el de cujus no dispuso de dicha parte de sus bienes o cayó en los mismos supuestos establecidos por la ley.

Naturaleza jurídica del heredero

Hereditas y *herus* vienen del latín y significan dueño. Ambas palabras tienen dos acepciones, una objetiva y otra subjetiva. En el sentido subjetivo se entiende como la sucesión por causa de muerte. En el sentido objetivo se refiere a la masa, conjunto de bienes o su parte alículota y a las relaciones patrimoniales que son objeto de la sucesión. Es frecuente que, en su sentido objetivo, el término herencia se utilice para expresar el remanente de los bienes y derechos del de cujus una vez que se han pagado las deudas y las obligaciones, esto es así porque la misma siempre se entiende aceptada a beneficio de inventario. En el derecho mexicano, el heredero no tiene la obligación de responder personalmente a las cargas de la herencia, sino que éstas serán con cargo a la misma herencia hasta el monto total de los activos que incluye dicha herencia, lo que se conoce como aceptación de la herencia.

Testamento

Es un acto jurídico unilateral, personalísimo, revocable, libre y formal, por medio del cual una persona física capaz dispone de sus bienes y derechos y declara o cumple deberes para después de su muerte. Se dice que es *jurídico* porque es reconocido por la ley, *unilateral* porque sólo se requiere una voluntad, *personalísimo* porque sólo se puede hacer de manera directa y personal, *revocable* porque puede ser modificado mientras se tenga lucidez, *libre* porque se dicta sin la influencia o coerción de otros y *formal* porque se necesitan cumplir ciertos requisitos legales para que sea válido.

No hacer un testamento es algo totalmente irresponsable, aun cuando se tengan pocas posesiones. Hay personas que consideran, por diferentes razones, que no es importante realizarlo, dentro de las cuales sobresale que no se tienen bienes de valor. Aunque éste sea el caso es pertinente hacer un testamento; podría por ejemplo existir la posibilidad de que el testador transmita a su descendencia una herencia inesperada o, incluso, sin conocerla, si es que muere antes de recibirla. Son muchos los beneficios que trae hacer un testamento, entre ellos la reflexión sobre la mejor forma de transmitir las propiedades, la posibilidad de reducir los conflictos familiares al aclarar la forma en que se hará la transmisión y ganar la tranquilidad de hacer algo que es una obligación inteligente.

A continuación cito los diez consejos prácticos que Manuel Salazar (2001), notario público en funciones, en el estado de Sinaloa, dio en relación con las herencias y los testamentos.

1. No le reste importancia a las formalidades al otorgar su testamento; cumpla con los requisitos que le diga su notario.
2. No teste con prisa, ni deje pasar el tiempo indefinidamente; haga su testamento en condiciones normales y sin urgencias.
3. Tenga presente que un testamento no es definitivo: usted puede modificarlo cuantas veces quiera.
4. Haga y actualice su inventario patrimonial, y téngalo al alcance de sus herederos. Cuando las cosas no son claras sucede aquello de que a río revuelto, ganancia de pescadores.
5. Al hacer su testamento tenga presente las ventajas y riesgos de la copropiedad.
6. Cuando esté planeando su testamento, platique a solas con su notario. Su pareja debe entender y respetar esta situación.
7. Téngale confianza a su notario; consulte en forma abierta cualquier duda que tenga.
8. Es muy importante que si usted es un empresario, su testamento no sea un instrumento "repartidor", sino un documento organizador de su sucesión, para asegurar la subsistencia de la empresa después de que usted falte.
9. No viva con temor a la muerte, mejor hágalo con amor a la vida; aunque al final el resultado sea el mismo: lo gozado ya nadie se lo quita.
10. El testamento es importante, pero... la mejor herencia no va en el testamento; va en el amor, en el ejemplo y en la formación que pueda darle a sus herederos.

Capítulo 14

El retiro del fundador

Lo que hacemos no es más que una gota en el océano, pero si no lo hacemos, el océano tendría una gota menos.
Madre Teresa

No hay plan de sucesión exitoso sin un plan de retiro exitoso. Hay numerosos casos de emprendedores que no han logrado dar paso a las siguientes generaciones por no encontrar alegrías y un sentido en la vida fuera de su trabajo. Los líderes de las empresas familiares cuentan con diferentes formas para dejar sus organizaciones; en uno de los modelos más difundidos sobre la forma de retiro del fundador, Sonnenfeld y Spence (1989) presentan una tipología basada en cuatro estilos relacionados con la identificación del liderazgo y la búsqueda de una contribución inmortal, representados por los monarcas, los generales, los embajadores y los gobernadores.

- Los monarcas no dejan la organización hasta su muerte y las generaciones más jóvenes no asumen el control de la empresa hasta su fallecimiento.
- Los generales asumen que es conveniente dejar el control a las siguientes generaciones y en apariencia se retiran, pero regresan provocando desconcierto y más problemas que beneficios. Se consideran generales porque suelen regresar con una actitud de heroicidad para salvar a la empresa, cuando en realidad lo hacen por no encontrar un espacio en el retiro.

- Los embajadores tienen claro que la siguiente generación debe tomar el control y lo ceden. Permanecen lo suficientemente cerca como para aconsejar y lo suficientemente lejos como para dejar actuar.
- Los gobernadores también dan paso a las nuevas generaciones, pero se desligan totalmente de la organización. Asumen que su gobierno ha concluido y que es tiempo de encontrar nuevas alegrías en otras actividades.

Para desgracia de las generaciones jóvenes, los monarcas y generales abundan en distintos países. Mientras que hay pocos embajadores y gobernadores que reconocen la importancia de un plan de retiro que les ayude a encontrar y llevar a cabo otras misiones en la vida.

El legado del sucedido

Existen diversas acepciones de *legado*: "Lo que se deja o transmite a los sucesores, sea cosa material o inmaterial." O bien "Manda que en su testamento hace un testador a una o varias personas naturales o jurídicas". La diferencia principal entre estos dos conceptos es la relativa a la cuestión inmaterial. En amplio sentido, y para los fines de este segmento, consideraré la primera definición dado que, en efecto, la transmisión que un sucedido hace a los sucesores es algo más que una cuestión material. De hecho, al traspasar la empresa a otras manos no sólo se transfiere la propiedad, sino también los cargos directivos, los cuales poseen la posibilidad de crear riqueza y de asumir el compromiso de continuar un sueño iniciado tiempo antes. El legado puede dividirse en tres partes.

a) **Capital humano:** el sucedido deja una estructura en funcionamiento operada por colaboradores, bajo determinada cultura organizacional.

b) **Activo físico:** la empresa consta de edificios, equipos, materia prima, inventarios y otros bienes materiales de valor.

c) **Activo inmaterial:** patentes, marcas, crédito mercantil, imagen, clientes, proveedores, prestadores de servicios, etcétera. (Ginjoan y Llaurado, 2000).

Entrando al terreno de lo místico, el máximo legado que recibe el sucesor es un sueño, que debe hacerlo suyo y continuarlo.

¿Cómo dejar el legado?

El sucedido debe oír diversas opiniones y hacer lo que, a fin de cuentas, considere adecuado, pero debe considerar las repercusiones de sus decisiones. Contrario a lo que la lógica podría suponer, el sucedido no tiene derecho a dejar un legado que genere destrucción entre la siguiente generación, incluso si se trata de sus propiedades.

- ¿Tendrá derecho el sucedido a morir intestado y generar gran confusión entre su descendencia con relación a los bienes de su propiedad?
- ¿Tendrá derecho el intestado a transmitir sus posesiones de tal manera que los hijos se enfrenten y terminen sacándose los ojos?
- ¿Tendrá derecho el sucedido a seguir controlando a los miembros de su familia desde la tumba, al diseñar candados legales que los hagan prisioneros?

Sí, las posesiones son de él, pero debe ser muy cuidadoso al momento de diseñar su legado y tener en cuenta la manera en que éste puede contribuir al desarrollo y felicidad de su descendencia.

Una de las grandes complicaciones que enfrenta el sucedido al diseñar su legado consiste en articular los intereses del sistema familiar con el de empresa. De este modo, los miembros la familia podrían demandar un trato justo y equitativo, además de sugerir la división de las acciones de la compañía. Desde la perspectiva de familia, ésta puede ser la mejor decisión, pero desde la perspectiva de la empresa, los nuevos directores tendrán que trabajar con la suficiente autonomía como para tomar decisiones en cualquier momento. El hecho de que la propiedad esté fraccionada puede ofrecer grandes complicaciones para ellos, dado que bastaría un familiar minoritario inconforme para boicotear la marcha de la organización.

El sucedido, con objeto de articular las posiciones de familia y de empresa, encuentra esquemas más complejos que al final lo ayudan, pero que también pueden ocasionar mayores problemas. Tal es el caso de las acciones sin derecho a voto, las cuales se transfieren a personas u organizaciones que podrían llegar a bloquear las decisiones de los directivos o de los accionistas principales. Este mecanismo puede ser eficaz y, a la vez, una tragedia, ello depende del cristal con que se mire. Así, por ejemplo, para el hermano que es socio mayoritario, cuya hermana se opone sistemáticamente a sus iniciativas, puede ser un mecanismo eficaz; pero para la hermana, prisionera de la empresa que maneja su hermano, y que no tiene posibilidad de decidir ni de capitalizar lo que su padre le dejó a través de dividendos o la venta de sus acciones, resulta una verdadera tragedia. En cualquier caso, resulta conveniente permitir la salida de cualquier accionista que desee hacerlo, sin que para hacerlo tenga que dar sus acciones a un precio castigado. Por ello, es importante que se realicen avalúos de la empresa y se establezcan convenios de compraventa que protejan a todos los accionistas.

Independientemente de la decisión que se tome, debe lograrse que la empresa opere con autonomía, pues de no ser así sus posibilidades de éxito se verán reducidas. Esto no implica que sus directores puedan hacer lo que les venga en gana con la empresa. Para evitar esto, es preciso constituir un consejo operativo que supervise su rendimiento y que pida cuentas.

¿Cómo dejar el legado? Hay veces que las perspectivas de la familia y de la empresa coinciden, y es fácil llegar a un diseño sencillo en el caso de tener un solo hijo, pero en general no es así y hay que hacer un mayor esfuerzo en la planeación. No hay respuestas únicas a esta pregunta; por lo que es necesario explorar concienzudamente las diversas alternativas, reflexionar sobre ellas y, sin dejarse llevar por la pasión, permitir que nuestra dimensión emocional se manifieste, e incluso escuchar lo que dice nuestra intuición. Se requieren más de cinco sentidos para enfrentar con éxito esta complicada encrucijada.

La ausencia de planificación de la sucesión y la negación al retiro

Si planificar normalmente da frutos, ¿por qué en el caso de los sucedidos hay tanta gente que deja a la suerte y a la inercia asuntos tan importantes en las empresas familiares? ¿Por qué los fundadores son tan reacios a retirarse? Hay algunas explicaciones que se exponen a continuación.

- **Prejuicios contra la planeación**
  ¿Cómo voy a saber lo que ocurrirá mañana?, es una de las preguntas que se hacen las personas para justificar la ausencia de planeación en sus actividades. Se dice que los emprendedores son *hacedores* y que tienen una inclinación natural hacia la acción. Eso puede alejarlos de la planeación sistemática. En el caso de la sucesión no consideran que deba invertirse mucho tiempo en ella, y prefieren hacerlo en otras cosas en apariencia más importantes.

- **Renunciar al control y el poder**
  Quien ha mantenido las riendas de su negocio por décadas, no le es fácil soltarlas. Por ello, todo lo que implique pensar en ceder el control y el poder puede ser evadido. *¿Por qué voy a ceder lo que con tanto esfuerzo he logrado obtener? Me quedan varios años de actividad y no veo por qué deba planificar desde ahora la sucesión.*

- **Incapacidad para elegir sucesor**
  En ocasiones, el sucedido puede no tener idea de cómo llevar a cabo la sucesión y, menos aún, en manos de quiénes poner la empresa. El sucedido debe enfrentar con sensibilidad y valentía estas situaciones y no dejar que la inercia decida el futuro de la organización.

- **Panorama incierto**
  La empresa del fundador puede estar viviendo una tormenta, lo que quizá impide que el fundador se concentre en el largo plazo. Tal vez haya tantas cosas que resolver en el presente sobre la familia, la empresa y la propiedad, que no se pueda realizar una planeación adecuada. También es posible que el sucedido espere la resolución de ciertos problemas antes de iniciar el proceso de pla-

neación de sucesión y su retiro. Hay que tener cuidado de no tomar como pretexto que hay un panorama incierto para que no se haga la debida planificación.

- **Incertidumbre ante el retiro**

    No hay plan de sucesión exitoso sin un plan de retiro exitoso. Del mismo modo en que hay personas que planean desde mucho tiempo antes su retiro y lo esperan con ansia, hay otras personas a las que éste les aterra, incluidos sus propios cónyuges. No es fácil que los emprendedores natos, que han dedicado su vida a la creación de una organización, encuentren otras alegrías fuera de su negocio, por lo que suelen resistirse a dejarlo. Muchos de ellos prefieren no enfrentar el retiro y, por ello, no planifican su sucesión.

- **Pérdida de identidad**

    Para los líderes de las organizaciones es fácil confundir hasta dónde llega su papel dentro de una empresa y hasta dónde llega como personas. Puede ocurrir que, al dejar de ser directores, sientan que pierden una parte muy importante de ellos mismos. Un director que deja de ser tal, experimenta incluso una pérdida de identidad, pues le resulta difícil asimilar su nueva situación.

- **Temor a la muerte**

    Para algunos líderes la idea de planear la sucesión y su retiro puede significar la planeación de su funeral, por lo que la evitan a toda costa. El temor a la muerte puede propiciar que no se enfrente de modo adecuado el inexorable paso del tiempo y se deje de lado la planeación de la sucesión y el retiro.

- **Tabúes familiares**

    Tocar los temas del retiro y la sucesión en el ámbito familia es, sin duda, muy complicado y puede ser malinterpretado, sobre todo si éstos son abordados por los descendientes. Si alguno de ellos saca el tema a colocación, otros podrían asumir que tiene un interés personal en el dinero de la familia o que está enterrando anticipadamente a sus mayores. A causa del temor de ser malinterpretados o debido a sentimientos de culpa provocados por tabúes familiares no se tocan los temas de la sucesión y el retiro.

La generación mayor ante el retiro

Son muchas las complicaciones que enfrentan las generaciones mayores en las empresas familiares, sobre todo cuando está cercano el retiro. Estas generaciones deben tomar decisiones importantes que impactan a diversos grupos dentro de la empresa, entre los cuales destacan la generación más joven, la suya propia y todas aquellas personas asociadas a la empresa. ¿Cómo resolver el problema de la sucesión? ¿Cómo configurar la nueva propiedad? ¿Cómo dar protección a todos los miembros de la familia? ¿Qué mecanismos adoptar para que no existan inequidades ni haya desposeídos en la familia? ¿Cómo garantizar un retiro tranquilo y, a la vez, brindar apoyo a los descendientes? Son algunas de las preguntas que debe contestar y afrontar en la práctica un líder que tiene la intención de retirarse. Dentro de los variados desafíos que ello supone, debe incluirse la aceptación de que se puede estar en la recta final de la existencia. La enfermedad y la muerte son temas que se enfrentan cotidianamente y la salud se vuelve un tema preocupante. Esto es posible observarlo en las fiestas de fin de año, al escuchar los propósitos de quienes están reunidos en ellas y donde los mayores suelen reducir sus sueños a conservarse en buenas condiciones para la siguiente cena de año nuevo. Los papeles que desempeñan los mayores en la familia se van reduciendo (como hijo, sobrino, hermano, padre, tío, etcétera), aunque no por ello dejan de estar presentes cuando se les necesita. De igual modo, tienen que adaptarse a la nueva dinámica de la casa, cuando los hijos se han ido y enfrentan el síndrome del "nido vacío". Por desgracia, a esas alturas de la vida se puede perder al cónyuge, lo que, además de suponer una gran tristeza, implica el reto de adaptarse a una vida completamente diferente no sólo por la natural afección emocional, sino también por la presencia de situaciones financieras difíciles. No obstante ello, surge un nuevo papel en la vida: el de abuelo, que es uno de los papeles más maravillosos en la relación familiar, sobre todo en las culturas latinas. Para las parejas mayores esta nueva etapa puede ser de gran satisfacción y alegría, así como de una menor responsabilidad y reposo. Pueden volver a frecuentar amigos, hermanos y otros círculos a los que no resultaba fácil ver por llevar una vida productiva y acelerada. Los mayores en esta etapa de retiro suelen tener una mayor dependencia de sus hijos y esperan que éstos los visiten con frecuencia; el contacto con sus hijos y nietos les brinda muchas alegrías. Los amigos en esta fase se convierten en una necesidad para evitar el aislamiento que muchas veces supone el envejecimiento, por lo que es importante no perder el contacto con ellos y, en ocasiones, hacer un esfuerzo por frecuentarlos.

La vida ofrece diversas alegrías en todas sus etapas, y el caso de los adultos mayores no es la excepción. Por ello es importante planificar las actividades que se llevarán a cabo durante el retiro. Es importante subrayar que existen posibilidades infinitas para éste y que se pueden hacer diversas elecciones. Por ejemplo, es una edad en la que se puede apoyar a gente que lo requiere. Además, durante esta etapa se le puede regresar a la vida lo que de ella se recibió. Por ejemplo, algunos podrían prestar sus servicios como educadores o consejeros, aunque no se debe descartar la idea de emprender nuevos negocios o formar parte de un equipo de trabajo. Existen personas mayores que se involucran en nuevas empresas como inversionistas o consejeros, actividades que suelen demandar el tiempo suficiente como para mantenerlas activas e interesadas.

Una vida sana en el retiro

El concepto de "vejez" es relativo. Mientras que para unas actividades somos viejos con 40 años, para otras somos jóvenes. No existe una relación precisa entre la edad cronológica y la edad biológica, y hay casos en que algunas personas realizan actividades que, en apariencia, no son propias de su edad, como el caso de doña Chayito, campeona mundial de 10 000 metros planos, quien con más de 90 años asegura que se siente como si fuera una quinceañera. Por otro lado, encontramos personas no tan mayores que han envejecido notoriamente en su actitud, lo cual se refleja en su físico, movimientos y espíritu. En cierto sentido, la vejez no se relaciona con los años, sino con la pérdida de entusiasmo y con la falta de ganas de vivir.

Hay varios factores que se asocian con una buena calidad de vida, como es el caso de la nutrición. Existe una frase que dice *somos lo que comemos*, algo que tiene mucho sentido. Una nutrición adecuada retarda el envejecimiento y evita o frena la aparición de enfermedades. Por el contrario, una alimentación desordenada puede incluso llegar a ser en extremo perjudicial y generar diversas enfermedades, como obesidad, diabetes y desórdenes metabólicos.

No obstante, una buena nutrición debe ir acompañada con la práctica de algún ejercicio. Nadie tiene la seguridad de que si practica ejercicio va a vivir más tiempo, pero no hay duda de que el tiempo que se viva será de mejor calidad. Según el Dr. González Aragón (1997) y otras investigaciones que lo avalan, la relación entre ejercicio, salud y expectativas de vida ha sido establecida desde hace más de 50 años. Sobre todo en la vejez es importante que la persona haga el ejercicio que le guste, ya que en la medida en que éste no se practique por necesidad sino por gusto, la persona encontrará menos pretextos para no hacerlo y más razones para practicarlo. Una persona que es sedentaria, empezará a sentirse mejor después de unos días de practicarlo, al igual que una persona nerviosa o que experimente estrés.

El ejercicio nos hace sentir más jóvenes de lo que en realidad somos y hace que nos enfrentemos con mejor ánimo a los problemas cotidianos. Asimismo, el ejercicio debe complementarse con una buena dieta y con la reducción o eliminación de hábitos que perjudiquen la salud, como dormir poco, fumar, comer en forma desordenada o ingerir alcohol. Existe una gran variedad de ejercicios que es posible practicar en la madurez y que caen en una de las siguientes categorías:

- *Ejercicios isotónicos* (pesas, ejercicios de fuerza): Dan fuerza y mejoran la condición muscular, lo cual tiene un efecto positivo en otros sistemas.
- *Ejercicios de flexibilidad* (estiramientos, gimnasia, etcétera): Con la edad se comienza a carecer de movilidad, pues los músculos y las articulaciones pierden elasticidad. Los estiramientos dan al organismo una mejor flexibilidad y previenen las lesiones.
- *Ejercicios aeróbicos:* Caminar, correr, nadar, hacer *spinning* (bicicleta estacionaria) son ejercicios que elevan el ritmo cardíaco en forma sostenida durante largos periodos de tiempo.

- *Combinación de ejercicios aeróbicos y anaeróbicos:* En esta categoría se encuentra la mayoría de los juegos donde el ritmo cardíaco se incrementa aunque en forma interrumpida, como en el tenis.

Hay quienes no son afectos a la práctica de algún deporte y no por ello dejan de ejercitarse. Muchas personas salen a caminar en forma cotidiana y encuentran que esta actividad es muy agradable. El deporte también ayuda a contrarrestar las tensiones generadas por situaciones inconvenientes. Gran cantidad de eventos en la vida es generadora de estrés. En una escala relativa, y de acuerdo con el Dr. Holmes —citado por González Aragón—, la muerte del cónyuge es el mayor generador de estrés con 100 puntos, el divorcio tiene 73 puntos, una enfermedad o un accidente genera 53 puntos, casarse tiene 50 puntos, el despido del trabajo 47 puntos, la enfermedad de un miembro de la familia genera 44 puntos, el embarazo 40 puntos, tener problemas sexuales 39 puntos, el nacimiento de un nuevo miembro de la familia 39 puntos, tener problemas en los negocios 30 puntos, la muerte de un amigo 37 puntos, cambiar de trabajo 36 puntos, el casamiento de un hijo 29 puntos, tener problemas de trabajo 29 puntos, cambiarse de casa 20 puntos, padecer de insomnio 16 puntos y los festejos de Navidad generan 12 puntos de estrés. Estas puntuaciones surgen del estudio de una muestra determinada y evidentemente no es posible aplicar estas mismas puntuaciones en general. Únicamente pretendo ilustrar a cuántos estímulos estamos sujetos en nuestra vida, que aumentan nuestro nivel de ansiedad aunque los sucesos puedan considerarse positivos.

Las personas deben tener mecanismos para lidiar con la agresividad de nuestro mundo moderno y manejar de la mejor manera posible el estrés. El ejercicio es uno de los mecanismos más eficaces para manejar el estrés y contrarrestar la ansiedad que experimenta una persona. La relajación es otra forma para lograr reducir la ansiedad, y hay un sinnúmero de técnicas para relajarse.

Fundaciones

El sucedido, cuando llega a cierta edad, podría sentir la necesidad de que su legado no sólo se reduzca a algunas cuestiones materiales, sino que tal vez quiera trascender de una manera más sublime. En cierto sentido podría querer dejar una huella que permanezca a lo largo del tiempo. Una fundación ayuda a que las empresas familiares deduzcan impuestos, de tal modo que el dinero recolectado es enviado para caridad o para causas relacionadas con ésta. Aunque hoy día existen muchas fundaciones, la mayoría de las empresas familiares decide crear la suya para poder controlar los fondos, esto es, saber y decidir exactamente a quién y cómo se harán las donaciones.

Además, una fundación puede proyectar adecuadamente el nombre de la empresa y de la familia, así como constituir una posibilidad de desarrollo para los miembros de la familia que podrían ocupar algunos puestos en ella o brindar a los sucedidos la posibilidad de continuar en sus organizaciones. Este tipo de fundaciones puede perdurar muchas décadas y ser un ejemplo para los jóvenes de la familia al mostrarles la importancia de apoyar a personas que lo necesitan.

Las fundaciones pueden hacer que algunos familiares se integren indirectamente al negocio sin asignarles grandes responsabilidades y también hacerlos partícipes de los logros de la empresa. Brindan una imagen positiva que actúa como elemento de promoción para atraer clientes. Asimismo, pueden favorecer la unidad de las familias, al discutir el futuro de la fundación e, incluso, representan una oportunidad para que los jóvenes y niños de la familia participen y desarrollen sus aptitudes como líderes, aun antes de estar interesados en formar parte de la empresa.

- La Fundación Chile es una institución de derecho privado, sin fines de lucro, creada en 1976 por el Gobierno de Chile y la ITT Corporation de Estados Unidos. Su misión es contribuir a la innovación y transferencia de tecnologías con el fin de agregar valor económico a Chile.
- La Fundación Ford apoya innovaciones en instituciones en el mundo entero y su objetivo desde hace más de medio siglo es fortalecer los valores.
- Fundación Televisa nace para que el Grupo Televisa cumpla de una manera más amplia, sistemática y eficiente su responsabilidad social, y también para posicionarse como líder y ejemplo de responsabilidad social entre las empresas mexicanas.

Para todos aquellos empresarios que poseen organizaciones medianas y grandes, la creación de una fundación puede ser una alternativa interesante que suele dejar un legado perdurable. Para los descendientes, significará un elemento que facilite la identificación con sus raíces y algo de lo que puedan sentirse muy orgullosos. Desde una perspectiva más tangible puede significar rentabilidad, pues es una alternativa fiscal conveniente y brinda la posibilidad de que algunos de los miembros de la familia se desarrollen en ella.

Capítulo 15

El espíritu emprendedor en las empresas familiares

El que está demasiado seguro, no está a salvo.
Thomas Fuller

El último capítulo de este libro lo he destinado al espíritu emprendedor, que es uno de los principales factores que da origen a las organizaciones y desgraciadamente su ausencia explica la extinción de las mismas.

Hay evidencias empíricas de que un comportamiento emprendedor mejora el desempeño de las empresas, pues incrementa la voluntad para tomar riesgos y desarrollar nuevos productos, procesos y servicios. La disciplina que contempla la innovación y la creación de nuevos negocios dentro de los existentes se denomina *Intrapreneurship*, la cual se asocia con el espíritu emprendedor en las organizaciones y se deriva del término *Entrepreneur* (que en francés significa emprendedor, empresario). A pesar de ser una palabra difícil de pronunciar y escribir en nuestro idioma, el término *intrapreneurship* ha permeado el medio empresarial de los hispanohablantes. En diversos países se reconoce que las organizaciones emprendedoras son capaces de propiciar o responder en forma adecuada a las innovaciones tecnológicas, entre otras cosas porque logran reducir el impacto negativo de la excesiva burocracia que las ahoga.

Para emprender Timmons y Spinelli (2003) proponen un simple e interesante modelo que se basa en tres fuerzas —la oportunidad, los recursos y el equipo— que deben articularse adecuadamente y estar en perfecto balance.

La **oportunidad** de negocio es mucho más que una buena idea y desgraciadamente no es fácil reconocerla. Las oportunidades no suelen aparecer espontáneamente sino después de años de esfuerzo. Para reconocer una oportunidad o moldearla, se requieren varios talentos, entre los que destaca la creatividad para percibir lo que otros no ven. Esto implica un gran conocimiento específico del área en cuestión, fundamentalmente del mercado.

El **equipo** es para muchos el factor más importante de estas tres fuerzas. La pieza principal del equipo es el líder, quien puede influir no sólo en su equipo, sino también en los otros dos fuerzas. Contar con un equipo cohesivo, que tenga habilidades complementarias, conformado por elementos capaces y comprometidos, es una fortuna para las organizaciones. En el caso de las empresas familiares, si hay sinergia entre la generación mayor y la menor, los resultados pueden ser espectaculares.

Los **recursos** es la tercera fuerza y se refiere principalmente al capital, aunque también incluye otros medios. Hay quienes piensan que es más importante que la oportunidad y el equipo, pero generalmente no es así. Los recursos para apoyar a las empresas suelen seguir a los buenos equipos que persiguen buenas oportunidades.

El economista Joseph Schumpeter determinó hace casi cien años que la riqueza es creada por los emprendedores cuando llevan sus innovaciones al mercado en forma de mercancía o servicios. De esta manera, los emprendedores destruyen los mercados existentes al cambiar los términos básicos de compraventa del bien, como por ejemplo, cuando se encuentra una forma más económica de fabricar un producto. Estos cambios son la fuente de la riqueza que alimenta el crecimiento de toda una economía, la cual prospera gracias a los desequilibrios en la oferta y la demanda causados por los emprendedores. Schumpeter describe la actividad emprendedora como la *destrucción creativa*, y pone a los emprendedores en el centro de su teoría. Las empresas existentes, si aspiran a permanecer, deben entrar al juego de la *destrucción creativa* y desarrollar constantemente nuevos paradigmas y modelos de negocios. Bygrave (1999) hace una analogía sobre los dinosaurios y las organizaciones incapaces de evolucionar: *ambos se extinguen al fallar en su intento por adaptarse.*

Las organizaciones, en la medida en que crecen, suelen volverse más burocráticas, temerosas y precavidas. Tienden a perder el espíritu emprendedor y a rechazar las tecnologías emergentes, que son la base de las innovaciones radicales, generadoras de las oportunidades de negocios. Las empresas familiares que, por lo general, son más cautelosas al realizar cambios, están menos dispuestas a arriesgar y llegan a experimentar el "síndrome de altiplanicie", que se explica más adelante. ¿Por qué las empresas familiares latinoamericanas no han podido competir eficazmente en un mundo globalizado? Existen varias hipótesis, pero una de las principales se relaciona con su dificultad para transformarse. No logran cambiar con la rapidez que exige el entorno y su proceso de profesionalización es lento y tormentoso. Esta dificultad para transformarse está asociada con el llamado "síndrome de la altiplanicie" (Figura 15.1). En la primera fase se observa una recta ascendente que ilustra el crecimiento, continuando con una recta horizontal que explica la desaceleración en el esfuerzo, el entusiasmo y el compromiso. En esta recta horizontal de letargo se encuentran muchas de las organizaciones familiares latinoamericanas.

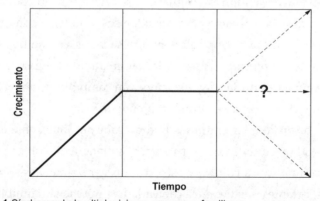

Figura 15.1 Síndrome de la altiplanicie en empresas familiares.

La tercera fase contempla tres posibles caminos; evidentemente el ideal es aquel que retoma el crecimiento, algo que es prácticamente imposible para las organizaciones cuyos miembros no están dispuestos a profesionalizarse y a realizar un sacrificio en favor de sus empresas. Este síndrome suele coincidir con la aparición de la segunda generación en la empresa y, con frecuencia, esa desaceleración se le atribuye a los jóvenes por su falta de capacidad y compromiso. También se suele culpar a la generación mayor, porque no supo administrar de manera adecuada una organización en la cual participan sus hijos. Reconocer este fenómeno es sólo el primer paso, después habrá que ponerle remedio. Las empresas que padecen el "síndrome de la altiplanicie" tienen menos posibilidades de sobrevivir que las que no lo tienen. ¿Cómo dejar de experimentar ese síndrome y salir del estado improductivo? Esencialmente la solución radica en reavivar el espíritu emprendedor en las organizaciones, algo que, sin embargo, no es fácil llevar a cabo.

La rutina y la inercia son los factores que inhiben el proceso emprendedor. He aquí un dato interesante: los directores de las organizaciones familiares permanecen a la cabeza de sus empresas 25 años en promedio, mientras que los directores de empresas no familiares sólo cinco. Bajo esta perspectiva, es natural que los directores de las empresas familiares se relajen, pues resulta difícil que una persona experimente un gran dinamismo durante toda su vida profesional.

En relación con la generación más joven, la inhibición del espíritu emprendedor está asociada con la falta de libertad. Con frecuencia, la generación mayor se limita a asignarle a sus hijos trabajos poco estimulantes, dejando poco espacio para sus intereses y motivaciones. Si, por el contrario, se les diera mayor autonomía, si se les asignaran tareas interesantes y se les impulsara a desarrollar su creatividad, muchos de estos jóvenes mantendrían a las organizaciones en cambio constante al tener la oportunidad de ejercer su espíritu emprendedor.

En conclusión, las empresas podrán salir del "síndrome de la altiplanicie" en la medida en que encuentren la manera de volver a innovar, crear y emprender. La cultura y estructura organizacionales son dos variables importantes que tienen la capacidad de potenciar o inhibir el espíritu emprendedor.

Las innovaciones radicales pueden beneficiar a cierta industria y también amenazarla, pues rediseñan las reglas de competencia en un entorno transformado. Estos cambios suelen ser propiciados por nuevos agentes y traen como resultado la pérdida de la supremacía de compañías existentes. Sin embargo, hay ejemplos de organizaciones que han sido capaces de *reinventarse* como mecanismo de adaptación, situación que se facilita al poseer un espíritu emprendedor. Los conocimientos generados en esta disciplina (*intrapreneurship*) proporcionan a estas organizaciones los elementos necesarios para mantener o recuperar el espíritu emprendedor, variable esencial que explica la permanencia de las empresas.

La adopción de cambios tecnológicos por parte de empresas existentes puede fracasar debido a causas asociadas con la misma organización, como pueden ser éstas: una estructura burocrática, la complacencia y el sentimiento de invulnerabilidad, la falta de previsión, las inversiones anteriores basadas en tecnología tradicional que acumulan costos hundidos y crean renuencia a abandonar la visión conservadora del negocio, así como los éxitos pasados que, combinados con la intolerancia al fracaso, refuerzan la forma tradicional en que se opera.

El poder del pensamiento emprendedor radica en la visualización de una oportunidad. Esto incluye no sólo la generación de nuevos productos y servicios, sino también —entre muchas otras cosas— la utilización de nuevos paradigmas en el manejo del personal, los cuales casi siempre conducen a instituciones menos jerárquicas con líderes capaces de dirigir y motivar a sus colaboradores. Las compañías que adoptan un comportamiento emprendedor tienden a ser más pequeñas y flexibles, reflejando de esa manera la cultura de trabajo particular del emprendedor. A pesar de que con frecuencia son dirigidas por líderes visionarios, el éxito de estas organizaciones se debe principalmente a un equipo de trabajo dedicado y capaz.

La adopción de un comportamiento emprendedor en las organizaciones las rejuvenece y las obliga a satisfacer, en formas novedosas, las demandas de los consumidores. La innovación de las organizaciones por sí sola no las hace emprendedoras, por lo que deben poseer otras características, como la velocidad de respuesta, la cual es considerada como una ventaja competitiva importante.

La orientación emprendedora de una organización se explica en cinco dimensiones: 1) *Proactividad:* Es la actitud que pretende anticiparse a problemas futuros. Los miembros de organizaciones proactivas no dejan las cosas para el final y los problemas que surgen los resuelven de modo inmediato. Así que están en constante búsqueda de oportunidades. 2) *Innovación*: Es la capacidad de romper viejos paradigmas y descubrir constantemente nuevas formas de hacer las cosas. La innovación y la creatividad son conceptos difíciles de disociar. 3) *Riesgo*: Quienes son emprendedores asumen riesgos moderados; no son ni suicidas, ni demasiado cautelosos y calculan bien los riesgos. La cultura de castigo al fracaso propicia que los miembros de las organizaciones no se arriesguen, perdiendo así su espíritu emprendedor. 4) *Agresividad* en la competencia: Las personas (organizaciones) con espíritu emprendedor no se amilanan fácilmente ante sus competidores; inclusive ellas son quienes eventualmente los impulsan a mejorar al plantear nuevos retos. No temen competir y, como los buenos deportistas, saben perder, pues toman las derrotas como enseñanzas importantes. 5) *Autonomía*: Las organizaciones que pretenden que sus colaboradores sean emprendedores, deben proporcionar un clima de libertad. La excesiva burocracia se opone a ella, como también una supervisión y un control asfixiantes. Los equipos de trabajo que se desempeñan bajo un entorno seguro y significativo desarrollan mayor potencial.

Las organizaciones que han perdido el espíritu emprendedor tarde o temprano se anquilosan, se empolvan y mueren, debido a que son superadas por empresas más dinámicas. La tarea que deben realizar para recobrar ese espíritu es ineludible: si no se transforman, podrían extinguirse... como los dinosaurios.

Termino este capítulo con una interesante reflexión: la Parábola del samurai (así la llamo), la cual recibí por correo electrónico y, por desgracia, no puedo dar crédito a su autor, pues lo desconozco.

Parábola del samurai

Un maestro samurai paseaba por un bosque con su fiel discípulo, cuando vio a lo lejos un sitio de apariencia pobre, y decidió hacer una breve visita al lugar. Durante la caminata le comentó al aprendiz sobre la importancia de realizar visitas, conocer personas y las oportunidades de aprendizaje que obtenemos de estas experiencias.

Llegando al lugar constató la pobreza del sitio: la casa de madera y sus habitantes, una pareja y tres niños vestidos con ropas sucias y rasgadas, sin calzado. Entonces, se aproximó al señor, aparentemente el padre de familia y le preguntó:

"En este lugar no existen posibilidades de trabajo ni puntos de comercio, ¿cómo hacen usted y su familia para sobrevivir aquí?" El señor calmadamente respondió: "Amigo mío, nosotros tenemos una vaquita que nos da varios litros de leche todos los días. Una parte del producto la vendemos o la cambiamos por otros alimentos en la ciudad, y con la otra parte producimos queso, cuajada, etcétera, para nuestro consumo y así es como vamos sobreviviendo." El sabio agradeció la información, contempló el lugar por un momento, luego se despidió y se fue. En el medio del camino, volteó hacia su fiel discípulo y le ordenó: "Busca la vaquita, llévala al precipicio de allí enfrente y empújala al barranco." El joven espantado vio al maestro y le cuestionó sobre el hecho de que la vaquita era el medio de subsistencia de aquella familia. Mas como percibió el silencio absoluto del maestro, fue a cumplir la orden. Así que empujó a la vaquita por el precipicio y la vio morir. Aquella escena quedó grabada en la memoria de aquel joven durante algunos años. Un día el joven agobiado por la culpa resolvió abandonar todo lo que había aprendido y regresar a aquel lugar y contarle todo a la familia, pedir perdón y ayudarlos. Así lo hizo y a medida que se aproximaba al lugar, vio todo muy bonito, con árboles floridos, todo habitado, una enorme casa con un auto en el garage y algunos niños jugando en el jardín. El joven se sintió triste y desesperado al pensar en que aquella humilde familia hubiese tenido que vender el terreno para sobrevivir; así que aceleró el paso y, llegando allá, fue recibido por un señor muy simpático. El joven preguntó por la familia que vivía allí hacia unos cuatro años, el señor respondió que seguían viviendo allí. Espantado, el joven entró corriendo a la casa y confirmó que era la misma familia que visitó hacía algunos años con el maestro. Elogió el lugar y le preguntó al señor (el dueño de la vaquita): "¿Cómo hizo para mejorar este lugar y cambiar de vida?" El señor entusiasmado le respondió: "Nosotros teníamos una vaquita que cayó por el precipicio y murió, de ahí en adelante nos vimos en la necesidad de hacer otras cosas y desarrollar otras habilidades que no sabíamos que teníamos, así alcanzamos el éxito que sus ojos vislumbran ahora."

Es posible que nuestra vaquita nos esté limitando terriblemente. En las organizaciones esas vaquitas son las que impiden cambiar y ejercer el espíritu emprendedor. Nos sentimos conformes con los resultados apenas satisfactorios y operamos con procedimientos casi obsoletos que no queremos cambiar. Arrojar la vaca al barranco implica romper los viejos paradigmas y construir nuevos. Aunque hay que tener cuidado de pasarse de la raya y romper aquellos paradigmas que deberían ser eternos, como algunos de los valores y principios de actuación de la empresa que la hicieron exitosa.

Caso: La Morisca y la familia de la Campa

La empresa

En 1910, al inicio de la Revolución Mexicana, llegó a México, proveniente de Santander, con apenas 12 años, don Juan de la Campa Trueba. Inició su actividad como ayudante en una tienda de alimentos y, unos años más tarde, creó un pequeño negocio de abarrotes cerca de la Basílica de Guadalupe, en la ciudad de México. El negocio creció con la diversificación de una serie de productos destinados a la industria de la panificación. Con el tiempo, el pequeño establecimiento se convirtió en una fábrica de chocolates y levadura. A los pocos años dejó de producir la levadura, y la sustituyó por polvos para hornear. *La Morisca* fue la primera empresa en México que fabricó dichos polvos. Don Juan de la Campa aprovechó el auge que en aquella época tenían las panaderías, las cuales aparecían diariamente. Éstas, fundamentalmente, eran creadas por inmigrantes españoles. Don Juan de la Campa sacó partido tanto de su origen al surtir varios de los insumos que requerían sus paisanos como de la entrega total y devoción que sentía hacia su negocio. En respuesta a las exigencias del mercado, se hizo de una flotilla de camiones y camionetas para entregar a domicilio los productos que producía y comercializaba.

La sociedad de hermanos

A mediados de los años de 1930 se integró, a *La Morisca*, Jaime, el hijo mayor de don Juan y diez años después, Juan, su hijo menor. Ambos asumieron el control de la empresa cuando murió don Juan, en 1974. La propiedad de *La Morisca* se dividió en dos partes iguales para cada uno de ellos; Juan controlaba el reparto y Jaime la bodega y la producción. El negocio prosperó en un clima de armonía entre los dos hermanos en una industria que no dejaba de crecer.

El consorcio de primos

Cuando los hijos de Juan y Jaime crecieron y llegaron a una edad para trabajar, los dos hermanos consideraron que *La Morisca* no podría aceptar a todos los miembros de la familia que quisieran ingresar a ella. Acordaron verbalmente que únicamente dos hijos de cada familia tendrían la posibilidad de laborar en la empresa. Jaime, quien se casó con Ema, tuvo dos hijos y cuatro hijas, mientras que Juan, quien contrajo nupcias con Ernestina, tuvo cuatro hijos y tres hijas. Bajo este esquema, los hijos de Juan, Alfonso y Roberto, se integraron al negocio a mediados de los años de 1970, al igual que Jaime Jr., hijo mayor de Jaime y, posteriormente, a finales dicha década, Juan José, hijo menor de Jaime, se integraría al negocio. Ambas generaciones se acoplaron adecuadamente y trabajaron como un equipo cohesivo y lograron un crecimiento importante. Importaron diversos productos, sobre todo de Estados Unidos, incrementaron las unidades de la flotilla, así como el número de clientes y, gracias a la buena marcha del negocio, pudieron comprar una nueva planta. A principios de los años de 1980, *La Morisca* contaba con cerca de 60 empleados, seis de los cuales, además de ser familiares, ocupaban puestos directivos. Si bien es cierto que en aquellos años la generación menor propició cambios importantes, también trajo mayores conflictos a la organización, los cuales, en términos generales, eran resueltos sin mayores complicaciones.

Cuando falleció Jaime, en 1984, su hermano Juan decidió abandonar la empresa y dejarla bajo el control de sus hijos y sobrinos, quienes continuaron realizando innovaciones y trabajando por muchos años en coordinación y armonía.

Juan José llevaba el departamento de ventas, Jaime el de producción, mientras que Roberto y Alfonso se encargaban de la administración del negocio. A finales de la década de 1990, los conflictos entre primos se incrementaron y las diferencias comenzaron a afectar significativamente la marcha de la empresa. Las confrontaciones fueron en aumento hasta que se formaron dos bandos, representados por cada una de las familias. Como consecuencia de los conflictos vividos en La Morisca, Juan José decidió crear una nueva empresa, llamada *Disepan, S.A.*, la cual no sólo distribuía productos similares a los de *La Morisca* sino que, además, competía contra ella. Juan José sufrió una úlcera estomacal y fue operado de emergencia. Esa afección física fue atribuida a las tensiones generadas en el trabajo. Los primos planteaban diferentes alternativas de separación pero durante años no llegaron a una solución. Después de muchos intentos de negociación, en el año 2000, encontraron una salida al problema y establecieron un convenio de compraventa.

El convenio de compraventa

Los accionistas estimaron el valor de la compañía con base en varios avalúos realizados a la compañía y en proyecciones de venta. Decidieron fijar un precio base de compraventa y recurrieron a un notario para que validara una negociación de *sobre cerrado*. Acordaron que cada una de las partes debía presentar una oferta de compra de las acciones a la otra parte, igual o superior al precio base acordado en dicho sobre cerrado. Ganaría la parte que ofreciera más dinero. Se firmó un convenio donde se estableció fecha de salida de los socios, las fechas de pago y la fecha de entrega de las acciones, entre otros puntos.

La oferta más alta resultó ser la de Juan José y Jaime, quienes posteriormente compraron la parte de sus familiares y, de ese modo, se desintegró, la sociedad de primos que existió por más de quince años.

¿La rifa del tigre?

Hoy, *La Morisca* de nuevo cuenta con una figura de propiedad de sociedad de hermanos, en la que éstos prácticamente tienen la misma participación, aunque uno de ellos es socio mayoritario (49 por ciento a 51 por ciento). Los pocos años en que ha operado la nueva sociedad han sido complicados, pero afortunadamente para ellos, han salido adelante, a pesar de que se hallan en una industria que no ha vivido sus mejores momentos. La industria de la elaboración de pan ha encontrado en los supermercados a un fuerte competidor, que la ha afectado en forma significativa. Hace pocos años, el pan sólo se vendía en las panaderías, pero desde que se ofrece en las tiendas de autoservicio, muchas amas de casa encuentran más cómodo comprar el pan ahí mismo. Al igual que las panaderías, los molinos y otros proveedores, *La Morisca* ha vivido años complicados. Por fortuna, hay casos en que negocios relacionados con la industria del pan han salido bien librados, y lo han conseguido gracias a que han hecho más eficientes sus procesos.

La Morisca es una de las organizaciones que sobreviven en una industria en crisis. Constantemente sacan a la venta nuevos productos, buscan nuevos mercados y realizan cambios de diversa índole al interior de la empresa. Han incluido a profesionales ajenos a la familia, como al gerente comercial, y a vendedores especializados en el ramo. Asimismo, han creado nuevos controles en los procesos de producción y de control de calidad, y han sacado al mercado nuevos productos dietéticos, como galletas y pasteles.

Ahora, *La Morisca* tiene 70 trabajadores, una flotilla de 20 camionetas y un buen ambiente de trabajo, encabezado por la pareja de hermanos.

Ya viene la cuarta generación. El hijo mayor de Jaime, con 19 años, estudia Ingeniería Química y muestra mucho interés en la empresa, mientras que sus hermanas, Cristina (17 años) y Marisol (16 años), estudian la preparatoria y aún no tienen claro si se integrarán o no a la empresa. Los hijos de Juan José, Juan José Jr. (de 14 años) y José Miguel (de 11 años), aún son muy jóvenes, por los que no se puede hacer un pronóstico de su camino profesional.

Los desafíos

1. Desde la perspectiva de empresa, ¿qué debe hacer *La Morisca* para aumentar las posibilidades de éxito en un segmento tan difícil y competido como el de las panaderías?

2. Desde la perspectiva de familia, ¿qué se debe hacer para conservar la armonía entre parientes y, a la vez, desarrollar la empresa familiar?

Un breve final

Espero, querido lector, que el recorrido realizado a lo largo de este libro haya sido agradable y a la vez provechoso. Espero también haber contribuido a aclarar la compleja naturaleza de la empresa familiar y en el caso particular de su empresa espero haber aportado elementos para su compresión y consolidación. Deseo que esta lectura se traduzca en un beneficio práctico para usted al mejorar los resultados de su empresa y su familia.

Para cualquier aclaración sobre este texto u otro motivo diferente, agradeceré que envíe un correo electrónico a la dirección: www.imanolb.com

Apéndice

Breve diagnóstico de la empresa familiar

Las empresas familiares pueden hacer un rápido diagnóstico sobre los subsistemas empresa, familia y propiedad para detectar algunos puntos que merecen especial atención. Para cada uno de los subsistemas se plantean diez preguntas, que se responden al marcar una de las cinco columnas de la parte derecha del cuestionario siguiendo el siguiente criterio.

---

1) Totalmente en desacuerdo **2)** En desacuerdo **3)** Indeciso
4) De acuerdo **5)** Totalmente de acuerdo

Es importante contestar con objetividad, ya que de lo contrario no se obtendría información confiable. Existen algunas preguntas que no se aplican a algunas empresas familiares, por lo que no es posible responderlas. En este caso, pueden seguirse dos caminos: El más sencillo sería contestar de cualquier modo, eligiendo la respuesta intermedia (3 Indeciso) para afectar lo menos posible la puntuación final. El otro camino es eliminar la pregunta y hacer un ajuste en los valores finales, ya que la puntuación máxima sería menor a 150 puntos.

	#	Inventario de la Empresa Familiar	1	2	3	4	5
EMPRESA	1	Las metas de la organización están claramente definidas.					
	2	Existe un plan estratégico de largo plazo por escrito.					
	3	Regularmente se llevan a cabo evaluaciones de desempeño de todos los miembros de la familia que laboran en la organización.					
	4	Existe un consejo de administración, donde se incluyen miembros ajenos a la familia.					
	5	Existe un ambiente empresarial que permite el desarrollo de los miembros de la generación más joven.					
	6	Las promociones están basadas en méritos y las compensaciones de los miembros de la familia están de acuerdo con sus habilidades.					
	7	Existe una clara definición de puestos y todos tienen claro, incluidos los miembros de la familia, lo que se espera de ellos en la empresa.					
	8	Profesionales ajenos a la familia ocupan altos cargos en la empresa.					
	9	La toma de decisiones es descentralizada, se delega la autoridad y la responsabilidad.					
	10	La empresa cuenta con políticas claras sobre la contratación de parientes.					
FAMILIA	11	Los planes empresariales de largo plazo toman en cuenta las circunstancias de la familia.					
	12	La familia se reúne formalmente para discutir temas de la empresa, y ha instalado un consejo de familia.					
	13	La entrada a la empresa es totalmente voluntaria, por lo que no existe presión alguna, por parte de la familia, para incorporarse a ella.					
	14	Existe un plan de sucesión escrito.					
	15	Existe compromiso por parte de los miembros de la familia hacia la empresa.					
	16	Los sucesores tienen experiencias profesionales en otras empresas antes de incorporarse a la empresa familiar.					
	17	Existe una clara visión del negocio compartida entre familia y empresa.					
	18	La empresa es más que una herramienta para hacer dinero.					
	19	Los miembros de la familia son capaces de trabajar armónicamente, y en caso de existir diferencias son capaces de solucionarlas.					
	20	Los miembros de la generación mayor tienen planes para después del retiro.					
	21	El negocio ha sido valuado y se revisa su valor periódicamente.					

Resultados del diagnóstico

- Si se obtuvieron más de 120 puntos (el valor máximo es de 150), la empresa familiar ha alcanzado un buen desarrollo y ha hecho lo necesario para dar continuidad a la organización a través de la siguiente generación.
- Si se obtuvieron entre 90 y 119, la empresa está en vías de profesionalización y es necesario implementar algunos cambios para aumentar sus posibilidades de éxito.
- Si se obtuvieron entre 60 y 89 puntos, aún deben realizarse cambios importantes para, por un lado, articular en forma armónica tanto a la empresa como a la familia y, por el otro, hacer más competitiva a la empresa. Hay indicios de que se están realizando cambios, que aún no son tan evidentes.
- Una calificación menor de 60 puntos ilustra a una empresa en desarrollo que está lejos de lograr la profesionalización.

---

1) Totalmente en desacuerdo **2)** En desacuerdo **3)** Indeciso
4) De acuerdo **5)** Totalmente de acuerdo

Decálogo de la empresa familiar (para las generaciones mayores)

1. Harás entender a tus hijos que la empresa de la familia tiene alma y que no es únicamente una herramienta para hacer dinero.
2. Te esforzarás por mantener unida a la familia; no por ello incorporarás a la empresa de la familia a tus descendientes que no merezcan entrar en ella.
3. Serás lo suficientemente generoso para apoyar a tus hijos en sus sueños y lo suficientemente inteligente para no poner en riesgo la vejez de tu cónyuge ni la tuya propia.
4. Tendrás el valor y la sensibilidad para comunicar a tu descendencia tus planes sobre el futuro de la empresa, y la sabiduría y humildad para cambiarlos si es preciso.
5. Conocerás los sueños de tu cónyuge y de tus descendientes y los apoyarás aunque no se relacionen con los tuyos.
6. Determinarás la forma de sucesión en tu empresa, no por ello lo harás sin consultar a todos aquellos que puedan ayudarte a tomar la decisión, entre ellos a los posibles sucesores.
7. Planificarás la sucesión con anticipación y te retirarás a tiempo, dejando a tu(s) sucesor(es) encaminado(s) en la empresa.
8. No morirás intestado y los planes que tengas sobre tu empresa los basarás en un conocimiento profundo de quienes los pudieran ejecutar.
9. Actuar con justicia no es suficiente. Es preciso tomar decisiones con sabiduría y plantearse las consecuencias de ellas.
10. Tú solo no puedes y ellos tampoco; combinarás tus talentos con los de tus descendientes en beneficio de la empresa y la familia.

Decálogo de la empresa familiar (para las generaciones menores)

1. Honrarás a tus padres y agradecerás sus esfuerzos en tu beneficio.
2. Comprenderás que la empresa de la familia tiene alma y que no es únicamente una herramienta para hacer dinero.
3. No te incorporarás a la empresa de la familia, aun si tus padres lo desean, si tu llamado está en otra dirección.
4. La empresa de la familia no es tu refugio. No te preguntes lo que ella puede hacer por ti, sino lo que tú puedes hacer por ella.
5. Tú sólo no puedes y ellos tampoco; combinarás tus talentos con los de tus padres en beneficio de la empresa y la familia.
6. Serás lo suficientemente sensible para no pedir a tus padres apoyarte en los negocios que los pongan en riesgo.
7. En el mejor de los casos, llegarás a viejo como tus padres. Entenderás que el retiro es un proceso complicado y doloroso, por lo que serás tolerante, respetuoso y paciente con ellos.
8. Entenderás que la herencia no es un regalo sino una enorme responsabilidad, sobre todo si eres sucesor(a) de la empresa de la familia.
9. Debes entender que tus padres te aman y buscan tu bien, y que además intentan ser justos, aun si consideras que has sido desfavorecido por ellos.
10. Cuida de tus padres, visítalos y llévales a sus nietos; si ya no están presentes, reza por ellos.

Referencias

Al-Mabuk, R. y Enright R. (1995), "Forgiveness education with parently love-deprived late adolescents", en *Journal of Moral education*, Vol. 24, No. 4

Alderfer, C. (1988), "Understanding and Consulting to Family Business Boards", en *Journal of the Family Firm Institute*, I, (3).

Andrade, L. F., Barra J. M. y Elstrodt, H. (2001), "All in the familia", en *The McKinsey Quarterly*, Núm. 4, EE.UU.

Arias Galicia, F. (1990), *Administración de Recursos Humanos*, Trillas, México.

Arias Galicia, F., Mercado, P. y Belausteguigoitia, I. (2000), "El compromiso personal hacia la organización, la búsqueda del empleo, la intención de permanencia y el esfuerzo" en *Revista Interamericana de Psicología Ocupacional*, Vol. 19, Núm. 1, Bogotá, Colombia, pp. 4-15.

Barnes, L. B. (1988), "Incongruent Hierarchies: Daughters and Younger Sons as Company CEO's", en *Journal of the Family Firm Institute, I* (1), pp. 9-21.

Barnes, L. B. y Hershon, S. A. (1989), "Transferring Power in Family Business", en *Journal of the Family Firm Institute, II.* (2), pp. 187–202.

Belausteguigoitia, I. (1996), "La Relación Familiar en las organizaciones mexicanas", en *Adminístrate Hoy–La Práctica en la Micro, Pequeña y Mediana Empresa*, 3, (30), México.

Belausteguigoitia, I. (2000), *La influencia del clima organizacional en el compromiso hacia la organización y el esfuerzo en miembros de empresas familiares mexicanas*, Tesis Doctoral, México, UNAM.

Belausteguigoitia, I., Arias Galicia, F. (2001), *Influence of Organizational Climate on Commitment and Effort in Mexican Family*

Firms, Frontiers of Entrepreneurship Research, Babson College, Boston, MA.

Belausteguigoitia, I. (2002), "La Singular Dinámica de las Empresas Familiares en Latinoamérica", en *El Diario (Management del Emprendedor*, Núm. 8), Santiago de Chile.

Belausteguigoitia, I. (2002), *Organizational Climate as antecedent of Entrpreneurial orientation in Mexican family firms*, Frontiers of Entrepreneurship Research, Babson College, Boston, MA.

Bertalanffy, L. V. (1993), *Teoría General de los Sistemas*, Fondo de Cultura Económica, México.

Bradshaw, J. (2000), *La familia*, Editorial Selector, México.

Brown, S.P. y Leigh, T. W. (1996), "A new look at psychological climate and its relationship to job involvement, effort, and performance", en *Journal of Applied Psychology*, 81, pp. 358-368.

Bruel M. (2003), "Families in business", en *Values and Social Responsibility*, Vol. 2, 1, enero 2003, EE.UU.

Bygrave, W. (1997), *The Portable MBA in Entrepreneurship*, Segunda edición, John Wiley& Sons, Inc.

Coyle, C. y Enright R. (1997), "Forgiveness Intervention with postabortion men", en *Journal of Consulting and Clinical Psychology*, Vol. 65, Núm. 6, pp. 1042-1046.

Churchill, N. y Lewis, V. (1983), *Harvard Business Rewiev*, mayo-junio.

Dailey, C. M. y Dollinger M. J. (1992), "An Empirical Examination of Ownership Structure in Family and Professionally Managed Firms", en *Journal of the Family Firm Institute*, V. (2), pp. 117-136.

Danco, L. A. y Jonovic, D. J. (1991), *Outside Directors in the Family Owned Business: Why, When, Who and How*, publicado por The Center for Family Business, University Press, Cleveland, Ohio.

Davis, J. A. y Tagiuri R. (1989), "The Influence of Life Stage on Father–Son Work Relationships in Family Companies", en *Journal of the Family Firm Institute, II.* (1), pp. 47-76.

De la Cerda, J. y Nuñez de la Peña, F. (1993), *La Administración en Desarrollo: Problemas y Avances de la Administración en México*, Instituto Internacional de Capacitación y Estudios Empresariales,

México.

De Mello, A. (1998), *Sadhana: a way to God*, Liguori/Triunph, Missouri, EE.UU.

Díaz Guerrero, R. (1970), *Estudios de Psicología del Mexicano*, Editorial Trillas, México.

Donckels R. y Fröhlich E. (1991), "Are Family Businesses Really Different? European Experiences from STRATOS", en *Journal of the Family Firm Institute*, IV (2), pp. 149-160.

Dreux, D. R. IV. (1990), "Financing Family Business: Alternatives to Selling OUT or Going Public", en *Journal of the Family Firm Institute*, III, (3), pp. 225–244.

Dumas, C. (1989), "Understanding of Father–Daughter and Father–Son Dyads in Family–Owned Business", en *Journal of the Family Firm Institute*, II (1), pp. 31-46.

Dyer, G. W, Jr. (1988), "Culture and Continuity in Family Firms", en *Journal of the Family Firm Institute*, I (1), pp. 37-50.

Family Firm Institute, Inc. (2003), *Yellow Pages, A Resource Guide for Family Business Advisors, Educators, Researches and Consultants*, North Beacon Street, Boston, Massachusetts.

Frankenberg, E. (1999), *Su Familia, S.A.*, Editorial Panorama, México.

Friedman, S. D. (1991), "Sibling Relationships and Intergenerational Succession in Family Firms", en *Journal of the Family Firm Institute*, IV, (1), pp. 3-20.

Gallo, M.A. y Sveen, J. (1991), "Internationalizing the Family Business: Facilitating and Restraining Factors", en *Journal of the Family Firm Institute*, IV (2), pp. 181-190.

Gawain, S. (2000), *Developing Intuition*, New World Library, California, EE.UU.

Gersick, K. E., Davis, J. A., Hampton, M. M. e Ivan L. (1997), *Generation to Generation: Life Cycles of the Family Business*, Editorial Harvard Business School Press, Boston, Massachusetts.

Ginebra J. (1997), *Las Empresas Familiares: Su dirección y continuidad*, Editorial Panorama, México.

Gouldner, A. W. (1960), "The Norm of Reciprocity: A Preliminary

Statement", en *American Sociological*, 25, pp. 161-178.

Grabinsky, S. (1994), *La Empresa Familiar*, Editorial Del Verbo Emprender, México.

Greiner, L. (1998), "Revolution as Organizations Grow", en *Harvard Business Review*, Vol. 76, Núm. 3, mayo-junio, 1998.

Handler W. C. y Kram K. E. (1988), "Succession in Family Firms: The Problem of Resistance", *Journal of the Family Firm Institute*, I (4), pp. 361-381.

Handler, W. C. (1989), "Methodological Issues and Considerations in Studying Family Business", en *Journal of the Family Firm Institute*, II (3), pp. 257-276.

Hebl, J.H. (1993), *Forgiveness as a Psychotherapeutic goal with Elderly Females*, Tesis Doctoral, Universidad de Wisconsin.

INEGI (2000), *Indicadores de Hogares y Familias por Entidad Federativa*, INEGI, México.

Jonovic, D. J. (1989), "Outside Review in a Wider Context: An Alternative to the Classic Board", en *Journal of the Family Firm Institute*, II (2), pp. 125-140.

Kajihara, K. (1998), *Las Empresas Familiares: La Realidad Empresarial Mexicana*, Tesina, ITAM, México, D.F.

Kahn, W. (1990), "Psychological conditions of personal engagement and disengagement at work", en *Academy of Management Journal*, 33, pp. 692-724.

Kanter R. (1989), "Work and Family in the United States: A Critical Review and Agenda for Research and Policy", en *Journal of the Family Firm Institute*, III (1), p. 77.

Kaye, K. (1991), "Penetrating the Cycle of Sustained Conflict", en *Journal of the Family Firm Institute*, IV (1), pp. 21-44.

Kaye, K. (1992), "The Kid Brother", en *Journal of the Family Firm Institute*, V (3), pp. 237-256.

Kras, E. (1991), *La Administración Mexicana en Transición*, Grupo Editorial Iberoamericana, México.

Lansberg, I. (1999), *Succeding Generations: Realizing the Dream of Families in Business*, en Harvard Business School Press, Boston,

Massachusetts.

Lea, J. W. (1993), *La Sucesión del Management en la Empresa Familiar: Cómo mantener el negocio en la familia y la familia en el negocio*, Editorial Granica Vergara, Argentina.

Leach, P. (1993), *La Empresa Familiar*, Editorial Granica Vergara, Argentina.

Lumpkin G. T. y Dess G. (1996), "Clarifying the Entrepeneurial Orientation Construct and Linking It to Performance", en *The Academy of Management Review*, Vol. 21, pp. 135-172.

Lyman, A. R. (1991), "Customer Service: Does Family Ownership Make a Difference?", en *Journal of the Family Firm Institute*, IV (3), pp. 303-324.

Malone, S. C. & Jenster, P. J. (1992), "The Problem of the Plateaued Owner-Manager", en *Journal of the Family Firm Institute*, V (1), pp. 25-42.

Maza P. A. (1992), *Causas de Mortandad de la Microempresa, Instituto de Proposiciones Estratégicas*, México.

Meyer, J. P. y Allen, N. J. (1991), "A Three–Component Conceptualization of Organizational Commitment", en *Human Resource Management Review*, I, pp. 61-98.

Miller, E. J. y Rice, A. K. (1988), "The Family Business in Contemporary Society", en *Journal of the Family Firm Institute*, I (2), pp.191-210.

O'Reilly, C., y Chatman, J. (1986), "Organizational commitment and psychological attachment: The effects of compliance, identification and internalization on prosocial behavior", en *Journal of Applied Psychology*, 71, pp. 492-499.

Prince, R. A. (1990), "Family Business Mediation: A Conflict Resolution Model", en *Journal of the Family Firm Institute*, III (3), pp. 209-224.

Randall, D. (1990), "The consequences of organizational commitment: Methodological investigation", en *Journal of Organizational Behavior*, 11, pp. 361-378.

Reynolds D. P., et al. (2002), "Global Entrepreneurship Monitor", en *Kauffman Center for Entrepreneurial at the Ewing Marion Kauffman Foundation*, EE.UU.

Robbins, S. P. (1991), *Comportamiento Organizacional: Conceptos, Controversias y Aplicaciones*, Prentice-Hall, México.

Rosenblatt, P.C. et al. (1990), *The Family in Business*, Jossey Bass Publishers, San Francisco, California.

Selz, M. (1994), *Family business programs at universities proliferate*, Wall Street Journal (Edición del Este).

Seymour, K. C. (1993), "Intergenerational Relationship in the Family Firm: The Effect on Leadership Succession", en *Journal of the Family Firm Institute*, VI (3), pp. 263-282.

Shore, L. M., y Wayne, S. (1993), "Commitment and employee behavior, comparison of affective commitment and continuance commitment with perceived organization support", en *Journal of Applied Psychology*, 78, pp. 774-780.

Shore, L., Barksdale, K., y Shore, T. (1995), "Managerial perceptions of employee commitment to the organizations", en *Academy of Management Journal*, 38, pp. 1593-1615.

Sonnenfeld, J. A. y Spence, P. L. (1989), "The Parting Patriarch of a Family Firm", en *Journal of the Family Firm Institute*, II (4), 355-376.

Sorenson, R. L. (1999), "Conflict Management Strategies Used by Successful Family Business", en *Journal of the Family Firm Institute*, XII (2), pp. 133–146.

Steers, R. M., (1988), "Antecedents and outcomes of organizational commitment", en *Administrative Science Quarterly*, 22, pp. 46-56.

Swartz, M. A. y Barnes, L. B. (1991), "Outside Boards and Family Business: Another Look", en *Journal of the Family Firm Institute*, 3, pp. 269-286.

Swartz, S. (1989), "The Challenges of Multidisciplinary Consulting to Family-Owned Business", en *Journal of the Family Firm Institute*, II (4), pp. 329-339.

Swinth, R. L. y Vinton K. L. (1993), "Do Family-Owned Business Have an Strategic Advantage in International Joint Ventures?", en *Journal of the Family Firm Institute*, VI (1), pp. 19-30.

Tagiuri, R. y Davis, J. (1992), "On the Goals of Successful Family Companies", en *Journal of the Family Firm Institute*, V (1), pp. 43-62.

Tagiuri, R. y Davis, J. (1992), "Bivalent Attributes of the Family Firm", en *Family Business Review*, IX (2), pp. 199-208.

Timmons, J. A. (2000), *New Venture Creation-Entrepeneurship for the 21st Century*, 5a. edición, 6a. edición, McGraw-Hill/Irwin, EE.UU.

Timmons, J. A., Spinelli, S. (2000), *New Venture Creation-Entrepeneurship for the 21st Century*, McGraw-Hill/Irwin, EE.UU.

Weigel. D. J. (1992), *A Model of Interaction IN the Intergenerational Family Business*, Master Thesis, University of Nevada, UMI Dissertation Services, Michigan, EE.UU.

Whiteside, M. F. y Brown F. (1991), "Drawbacks of a Dual Systems Approach to Family Firms: Can We Expand Our Thinking?", en *Journal of the Family Firm Institute*, IV (4), pp. 383-396.

Williams, R. O. (1992), "Successful Ownership in Business Families", en *Journal of the Family Firm Institute*, V (2), pp. 161-172.

Wortman, M. S, Jr. (1994), "Theoretical Foundations for Family-Owned Business: A Conceptual and Research-Based Paradigm", en *Journal of the Family Firm Institute*, VII (1), pp. 3-27.

Zermeño Infante, A. (2002), "Algunos aspectos de la sucesión legítima", en *Revista de derecho notarial*, Asociación Nacional del Notariado Mexicano, A. C., julio 2002, año XLII, número 116.